D0660927

ICONS

EXTRA/ORDINARY OBJECTS2

© 2003 TASCHEN GmbH
Hohenzollernring 53, D–50672 Köln
www.taschen.com

© 2003 COLORS Magazine s.r.l .
Via Villa Minelli 1, 31050 Ponzano Veneto (TV)

© 2003 Introduction: Peter Gabriel

Editor Carlos Mustienes, Madrid
Co editors Giuliana Rando, Wollongong
Valerie Williams, Victoria
Editorial coordination Ute Kieseyer, Thierry Nebois, Cologne
Copy editor Barbara Walsh, New York
French editor Isabelle Baraton, Marseille

Design and production Anna Maria Stillone, Sydney

Lithography Sartori Fotolito s.r.l., Treviso

Printed in Italy
ISBN 3-8228-2420-8

COLORS

EXTRA/ORDINARY OBJECTS2

TASCHEN

KÖLN LONDON LOS ANGELES MADRID PARIS TOKYO

A chipped stone, or paleolith, tells us a lot about the needs of the early humans—to dig roots, skin animals and scrape furs. In time, more pieces were chipped off the stone to make it sharper. Then the stone was modified again and again to serve other needs. And as each new tool was developed, humans discovered new ways to use it. New tools create new needs that in turn create new objects.

People like to surround themselves with objects—it's part of our nature. It may be an anal instinct, but we like our stuff.

People are surrounded by their objects—whether they are useful, decorative, beautiful, ugly, common or rare, we can't help but leave clues everywhere as to our identity. Clues about our culture, national identity, political ideology, religious affiliation and sexual inclinations, our objects reflect who we really are and who we want to be.

Look at the process by which we decide what to keep and what to throw away. Do we value the things that have never been touched or those which we touch all the time, the most useful, or the most useless?

We can turn our objects into fetishes, imbuing them with magic and memories, with religious or sexual potency. They become objects of worship, objects of desire and objects of fear, all feeding our passions and obsessions.

To find out how and why people use certain objects, we take a closer look at them: The lipstick that's banned in Afghanistan and the toys made of banana leaves that children play with in Uganda.

We examine a football shirt that might get you beaten up in Brazil and the bras that Catholic nuns buy in Italy. They're the tools we need to live our lives.

We have made pictures of our ancestors from the things they have left behind. So it will be for the archaeologists of the future—by our objects you will know us.

Peter Gabriel

Un silex taillé du paléolithique en dit long sur les besoins primordiaux de nos lointains ancêtres : déterrer des racines, dépecer des animaux, racler des peaux de bêtes. Avec le temps, ils dégrossirent toujours plus ces pierres façonnées pour les affûter davantage, puis les modifièrent sans relâche pour répondre à d'autres besoins. Un outil n'était pas plus tôt élaboré que l'homme lui découvrait d'autres usages et le détournait parfois de sa vocation première. Chaque nouvel instrument générait de nouveaux besoins, qui à leur tour inspiraient de nouveaux objets.

Nous adorons nous entourer d'objets – c'est là un élément constitutif de la nature humaine. Peut-être s'agit-il d'instinct anal, mais en tout état de cause, nous aimons bien nos petites affaires.

Nous voilà donc éternellement flanqués de nos possessions – objets utiles ou décoratifs, beaux ou laids, banals ou rares, nous ne pouvons nous empêcher de semer partout ces indices révélateurs de notre identité. Témoins de notre culture, de notre appartenance nationale, de notre idéologie politique, de notre confession religieuse, de nos préférences sexuelles, nos objets reflètent aussi bien ce que nous sommes que ce que nous aspirons à être.

Observez par exemple le processus qui nous amène à décider si nous allons préserver ou jeter. Accordons-nous plus de valeur aux choses encore intouchées ou à celles que nous manipulons sans cesse, aux plus indispensables ou aux plus superflues ?

Voyez aussi notre capacité à muer nos objets en fétiches, à leur attribuer des pouvoirs magiques ou religieux, des valeurs symboliques et commémoratives, des vertus aphrodisiaques. D'objets inanimés, les voilà qui deviennent objets de culte, objets de désir, objets de crainte, nourriture terrestre de nos passions et de nos obsessions.

La raison d'être et le fonctionnement de tel ou tel objet ne se déterminent qu'au prix d'une observation attentive. C'est là ce que nous permet ce catalogue, qui promène son miroir grossissant du rouge à lèvre proscrit en Afghanistan aux jouets en feuilles de bananier dont s'amusent les enfants en Ouganda ; du maillot de football qui vous attirera les coups au Brésil aux soutiens-gorge préférés des moniales catholiques en Italie. Ce sont là les outils qui nous servent à vivre.

Nous nous sommes représentés nos ancêtres à travers ce qu'ils ont laissé derrière eux. Il en ira de même pour les archéologues du futur – par nos objets, vous nous connaîtrez.

Peter Gabriel

Welcome
Bienvenue

Insect lolly, USA
Sucette aux insectes (Etats-Unis)

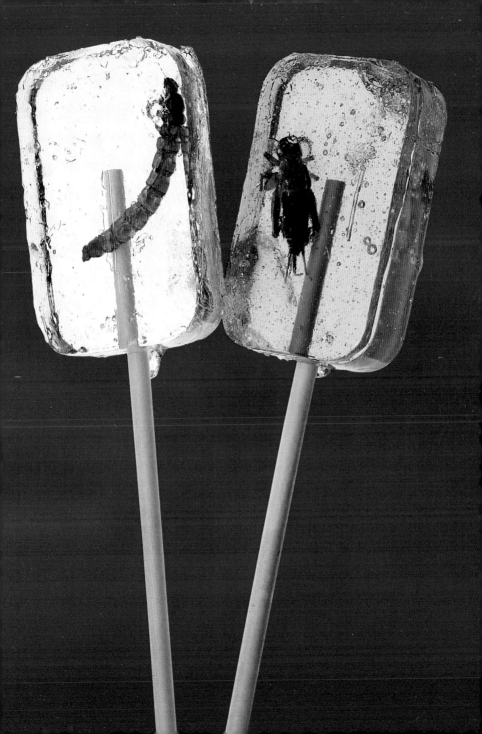

Poison To a *fugutsu* (blowfish connoisseur) danger is part of a good meal. Chefs who cook this Japanese delicacy must pass an exam to prove that they know how to prepare *fugu* (blowfish). If in doubt, ask to see a certificate. One blowfish contains enough poison to kill 30 people (it's mostly in the ovaries, testicles, and liver). Eating the flesh produces a tingling sensation in the mouth that is even stronger if you eat the potentially poisonous parts (which are edible if properly prepared). If you lose the gamble, expect to die in about five hours. Your body will slowly go numb and eventually your respiratory muscles will become paralyzed—you'll be fully conscious all the time. A safer way to sample fugu is to drink this *hiresake* (rice wine with fugu fin), which has a smoky flavor.

Poison Pour un *fugutsu* (amateur de fugu ou «poisson qui enfle»), il n'est pas de bon repas sans sa part de danger. Les grands chefs ne sont habilités à préparer ce joyau de la gastronomie nippone qu'après un examen attestant de leur savoir-faire. Aussi, au moindre doute, exigez de voir un certificat. Un seul fugu contient assez de poison pour tuer 30 personnes (concentré pour l'essentiel dans ses ovaires ou ses testicules et son foie). La dégustation de sa chair produit dans la bouche une sensation de picotement, plus forte encore lorsque l'on mange ses organes potentiellement vénéneux (ils deviennent comestibles une fois correctement accommodés). Si vous tentez le sort et perdez au jeu, il vous reste environ cinq heures à vivre. Votre corps s'engourdira peu à peu, jusqu'à paralysie totale de vos muscles respiratoires. Précisons que vous resterez pleinement conscient durant tout le temps de votre agonie. Il existe toutefois un moyen plus sûr d'initier ses papilles à ce mets hasardeux : buvez un verre de *hiresaké*, un alcool de riz à l'aileron de fugu et au goût légèrement fumé.

Healthy Ads featuring children roller-skating are part of a UK£9 million (US$13.5 million) campaign promoting Sunny Delight as a healthy alternative to soft drinks. Yet UK food experts say the image is a con. The drink is only 5 percent fruit juice—the rest is sugar, water, and additives. Nevertheless, the drink made £160 million ($240 million) in the UK in 1999 (it was the country's twelfth biggest-selling brand). Nutri-Delight, by the same manufacturer, contains GrowthPlus—a patented source of iron, vitamin A and iodine. It will be launched in the Philippines and other countries where nutrition deficiencies are common.

Salubre Des bambins s'adonnant aux joies de la planche à roulettes : telle fut l'image choisie pour promouvoir Sunny Delight. Une campagne publicitaire ronflante de 9 millions de livres se fit fort de présenter cette boisson comme une saine alternative aux sodas. Selon les spécialistes britanniques de l'alimentation, il s'agit d'une escroquerie pure et simple, Sunny Delight ne contenant guère que 5 % de jus de fruit – largement noyé dans le sucre, l'eau et les additifs. Cela ne l'empêcha pas de séduire les Britanniques : avec une recette de 160 millions de livres au Royaume-Uni en 1999, la marque devint cette même année la douzième meilleure vente du pays. Et gare à la petite dernière du même fabricant, NutriDelight ! Elle contient du CroissancePlus – mélange exclusif de fer, de vitamine A et d'iode – et sera commercialisée dans les pays où sévit la malnutrition, entre autres aux Philippines.

9

Edible This plate is fit for human consumption. Made of potato starch, the Biopac plate was a smashing success at the 1994 Winter Olympics in Norway, where starch tableware was used in all official food outlets. The plates don't taste very good, but then, they're not supposed to: Their main advantage is that they can be used as compost. Unlike Styrofoam packaging, which takes some 500 years to decompose, the starch plates dissolve in only two days. The plates may represent the future of packaging. And, with 20 percent of the world's population starving or malnourished, they might one day represent the future of food, too.

Assiette comestible Mangez-la, elle est digeste. Confectionnée à partir de fécule de pomme de terre, l'assiette Biopac a connu un succès sans précédent aux jeux Olympiques d'hiver de 1994, en Norvège, où ce type de vaisselle devint l'ornement incontournable de toutes les tables officielles. Qu'on ne s'attende pas à une saveur incomparable – mais, après tout, là n'est pas le rôle d'une assiette en amidon. Son avantage premier est en effet de pouvoir servir de compost après utilisation. Les faits parlent d'eux-mêmes : elle se dissout en deux jours à peine, contre cinq cents ans pour les conteneurs en polystyrène. Aussi pourrait-elle bien représenter l'avenir de l'emballage. Si l'on songe en outre que 20 % de la population mondiale souffre de la faim ou de malnutrition, il n'est pas exclu non plus qu'elle devienne un jour l'avenir de l'alimentation.

Chopsticks are good for you. The Chinese—faithful users for 30 centuries—believe that using them exercises your mind. And they definitely exercise your fingers: It takes 30 bone joints and 50 muscles to manipulate them (a factor the Chinese believe is behind their success at table tennis). Now you can improve your chopstick skills with Forkchops: If you start to fumble, you can easily switch to the knife and fork. According to their Italian-American creator Donald BonAsia, Forkchops are the key to cultural harmony. "If I go to someone's house and the table is set with Forkchops, it means they're prepared for anyone to come."

Manger avec des baguettes vous fera le plus grand bien. Aux dires des Chinois – fidèles à ce système depuis trente siècles – ce serait un excellent exercice pour le cerveau. Quant aux doigts, on ne saurait leur trouver meilleure gymnastique : la manipulation des baguettes met en jeu rien moins que 30 articulations et 50 muscles (un facteur auquel les Chinois attribuent leur succès en tennis de table). Peaufinez votre technique grâce aux baguettes convertibles Forkchops. En cas de maladresse chronique, vous pourrez aisément les convertir en couteau et fourchette. De fait, les Forkchops sont la clé de l'harmonie culturelle – martèle leur créateur italo-américain, Donald BonAsia. « Si j'arrive chez quelqu'un et que la table est mise avec des Forkchops, cela prouve que la maison est ouverte à tous. »

Exotic In advertising, several products—like cocoa— are often linked with Africa. The relationship goes back to the European colonialization of the continent. To make their product seem more exotic, Spanish candy maker Conguitos adopted an African tribal warrior as its mascot. In this promotional pendant he's shown with spear and fat red lips in a smile that works hard to sell sugar-coated chocolate. Fortunately, the designer forgot to stick a bone through his nose.

Exotique La publicité associe traditionnellement certains produits à l'Afrique. C'est le cas, par exemple, du cacao – cette assimilation remonte à l'époque où les nations européennes colonisèrent le continent. Soucieux d'accentuer l'aura d'exotisme de son produit, le fabricant espagnol des confiseries Conguitos a choisi pour emblème un guerrier tribal africain. Ce pendentif promotionnel le présente sagaie au poing, le visage fendu d'un sourire vermillon et lippu qui fait sans conteste tout ce qu'il peut pour vendre des chocolats enrobés de glaçage au sucre. Félicitons-nous que le créateur ait omis l'os en travers du nez.

Changed The cookie's the same but the name has been changed. To avoid offense, the Australian manufacturers of popular Golliwog cookies changed the brand name to Scalliwag. "Golliwog" has racist overtones, and though "scalliwag" was a negative term for white people in the South who collaborated with the federal government after the US Civil War, it is used mainly to refer to a playful child.

Modifié Le biscuit reste le même, mais le nom a changé. Soucieux de n'offusquer personne, le fabricant australien du biscuit Golliwog – qui se vend fort bien – a rebaptisé le produit Scalliwag. En effet, le mot « golliwog » est lourd de connotations racistes. De son côté, « scalliwag » est certes un sobriquet péjoratif (on en affublait les sudistes qui collaboraient avec le gouvernement fédéral durant la guerre de Sécession américaine), mais il désigne le plus souvent un enfant espiègle.

Food can be handy at weddings.
Here are some things you can throw: (clockwise) at African-American weddings in the USA, black-eyed beans; in Nepal, *lava*, a type of popcorn roasted over a mild flame; in Morocco, a mix of dried grapes, dates and figs; and in Serbia, local candies (for marital sweetness).

Faites des provisions pour les mariages.
Voici quelques idées d'aliments que vous pouvez lancer: (dans le sens des aiguilles d'une montre) lors de noces afro-américaines aux Etats-Unis, des haricots noirs; au Népal, de la *lava*, sorte de pop-corn grillé à feu doux; au Maroc, un mélange de raisins secs, de dattes et de figues; en Serbie, des bonbons de fabrication locale (pour installer dans le couple douceur et tendresse).

Teeth Eating too much sugar can make you bloated and give you diarrhea. And it also causes tooth decay. To limit sugar's effects on your teeth, you should limit contact—candy that sticks to your teeth does more harm than a soda drunk through a straw. But sugar can be a hidden menace: In Europe, cookies made for toddlers can legally contain up to 40 percent sugar (much more than you'll find in adult sweets). And in Scotland they're the leading cause of tooth decay in children from one to two years old (11 percent show decay). Once they become aware of their sweet tooth, there's no turning back—70 percent of Scotland's young people require a daily sugar fix. They don't have the worst teeth in the world, though: Children in Brazil, Peru, Bolivia and Uruguay do—with 6.5 cavities before they reach the age of 12.

Dentition Gavez-vous donc de sucre : vous courez droit aux ballonnements et à la diarrhée. Sans parler de vos dents. A tout le moins, minimisez l'effet du sucre sur votre émail en limitant les contacts : un bonbon qui colle aux dents vous fera plus de mal qu'un soda bu à la paille. Cependant, la menace se niche aussi là où vous ne l'attendez pas. En Europe, les biscuits destinés aux tout-petits peuvent contenir – en toute légalité – jusqu'à 40 % de sucre (beaucoup plus que vous n'en trouverez dans les produits pour adultes). En Ecosse, ils sont désormais la première cause de caries chez les enfants entre 1 et 2 ans (11 % d'entre eux présentent déjà des dents cariées). Il y a pire : une fois que les chers petits auront pris conscience de leur penchant pour le sucre, plus de rémission possible : 70 % des jeunes Ecossais sont en manque s'ils ne reçoivent pas leur dose quotidienne de sucre. Ils ne détiennent pourtant pas la palme mondiale des dents gâtées, qui revient sans conteste aux enfants du Brésil, du Pérou, de Bolivie et d'Uruguay : ceux-ci accumulent en moyenne 6,5 caries avant l'âge de 12 ans.

Sweet These seagull droppings are made of sugar and powdered milk, so eating them won't kill you. But real seagull droppings can be lethal. They can carry *E.-coli* (bacteria that cause diarrhea and are particularly dangerous for young children). Eight-year-old Heather Preen, of Birmingham, UK, died of *E.-coli* 0157 poisoning after playing on a beach. It's suspected she picked up the infection from dog or human feces or seagull droppings.

Friandise Ces fientes de mouette sont en sucre additionné de lait écrémé : elles ne vous feront donc pas grand mal. En revanche, le véritable guano peut vous être fatal. Il contient parfois des E.-coli, bactéries provoquant des diarrhées et particulièrement dangereuses pour les jeunes enfants. Heather Preen, une petite Anglaise de Birmingham, est morte à 8 ans d'intoxication aux E.-coli 0157. Elle n'avait pourtant fait que jouer sur la plage. On pense qu'elle fut contaminée par des crottes de chien ou des excréments humains, à moins qu'il ne se soit agi de fientes de mouettes.

Oral fixation Kola nuts, high in caffeine, are a popular accompaniment to the local brew in the bars of Cameroon. Join the locals in Nepal and suck on a piece of dried yak's milk, or *churpi*. A mulala tree branch from Mozambique is much more versatile than a cigarette: For a gleaming smile, fray the end of the stick and vigorously rub your teeth. To combat your smoker's cough, follow the lead of the Sri Lankans and suck on *sukiri*, a potent mix of sugar cane and spices. Alternately, try a Mighty Morphin' Power Rangers Lazer Pop Sword (opposite), named after a popular US television show.

Fixation orale Les noix de cola, qui présentent une forte teneur en caféine, sont très en vogue dans les bars du Cameroun, où on les grignote pour accompagner la bière locale. Au Népal, faites comme les Népalais : mâchez un morceau de lait de yak séché, ou *churpi*. Une branche de *mulala*, arbre du Mozambique, vous fera bien plus d'usage qu'une cigarette : sourire étincelant garanti en vous brossant vigoureusement les dents avec l'extrémité de la tige, que vous aurez pris soin au préalable d'effilocher. Pour combattre votre toux de fumeur, suivez l'exemple srilankais et sucez du *sukiri*, mélange très efficace de sucre de canne et d'épices. A moins que vous ne préfériez la sucette-épée laser des Power Rangers de la Sacrée Morphine (ci-contre),inspirée de la célèbre série télévisée américaine.

Vegemite isn't just a spread, it's an Australian icon: Australians buy 22 million jars a year. It can be found in 90 percent of Australian homes—not to mention local branches of McDonald's and on Australian airlines. Made from yeast, it's one of the world's best known sources of Vitamin B. Its salty taste doesn't always appeal to the uninitiated, but if you want to try it, here are some serving suggestions: Add to soup or stews for extra flavor or do what most Australians do—spread on buttered toast for a tasty, healthy breakfast.

La Vegemite est plus qu'une pâte à tartiner : c'est un pilier de la culture australienne. A preuve, la consommation nationale atteint les 22 millions de pots par an. Cette préparation à base de levure figure en bonne place dans les cuisines de 90 % des foyers – pour ne rien dire des McDonald's ni des compagnies aériennes nationales. C'est aussi l'une des sources de vitamine B les plus connues au monde. Son goût salé rebute parfois les non-initiés, mais si vous souhaitez la goûter, voici quelques suggestions. Ajoutez-en à vos soupes et à vos ragoûts, elle leur donnera du caractère ; ou faites comme une grande majorité d'Australiens : pour un petit déjeuner sain et savoureux, tartinez-la sur un toast beurré.

10 million glasses of Guinness are sold each day around the world. At 260 calories a pint, it's no more caloric than other beers, and it is one of Ireland's better-known exports. Check to see where yours comes from—Guinness is now brewed in 35 countries. And make sure your local bartender serves it properly—a proper pint must be pulled in two parts to leave a smooth, creamy head on the beer.

Dix millions de verres par jour : tel est le taux mondial de consommation de Guinness. Non, elle n'est pas plus calorique que les autres bières (comptez 260 calories par pinte, ce qui ne sort guère de l'ordinaire), et elle constitue le produit d'export le plus célèbre d'Irlande. Renseignez-vous pour savoir d'où vient la vôtre – la Guinness est aujourd'hui produite dans 35 pays. Et vérifiez que votre barman local la sert dans les règles de l'art : une pinte qui se respecte doit être tirée en deux temps, afin de laisser en surface une mousse lisse et crémeuse.

Locusts are considered a high source of protein in Africa. And they're free. Now the Scots—not known for their culinary adventurousness—have taken a liking to the winged creatures. Locusts are available in exclusive hotel restaurants for UK£800 (US$1,225)/kg. Popular appetizers include the "John the Baptist": locusts stir-fried with honey, dates and peppers.

Les sauterelles sont un mets apprécié en Afrique pour sa haute teneur en protéines. D'autant qu'elles ne coûtent rien. Et voilà maintenant que les Ecossais – pourtant peu réputés pour leurs audaces culinaires – s'entichent de ces créatures ailées. Elles figurent désormais au menu dans certains restaurants huppés, qui les proposent à 800 £ (1 225 $ US) le kilo. Parmi les apéritifs en vogue, citons le «Jean-Baptiste» : sauterelles poêlées au miel, accompagnées de dattes et de poivrons.

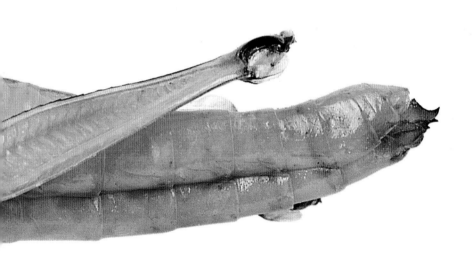

Spoiled beef It's not easy to produce *shimofuri* beef. Wagyu cattle (a large Japanese breed) are fed high-protein grain mixed with beer for 20 months. Animals also get a daily massage. The end result is meat that is marbled with fat and very tender. Although they still end up in the slaughterhouse, these cows can consider themselves lucky— US cattle are slaughtered at just over a year old, are only fed grain in the last few months and don't get massaged.

Bœuf chouchouté Ce n'est pas chose facile que de produire du bœuf *shimofuri*. Les *wagyu* (une espèce bovine japonaise destinée à la boucherie) sont nourries de céréales surdosées en protéines et additionnées de bière, le tout durant vingt mois. Sur cette période, elles bénéficient en outre d'un massage quotidien. Il en résulte une viande persillée à souhait et exceptionnellement tendre. Bien qu'elles finissent elles aussi à l'abattoir, ces vaches peuvent se considérer mieux loties que leur congénères. Aux Etats-Unis, on abat les bêtes dès leur première année, après un ou deux mois à peine de régime céréalier ; et quant aux massages, inutile même d'en parler.

Italians consume 27kg of pasta a year (more than any other nationality) in a range of shapes. But there's only one kind that looks like a gondola. Gondola-shaped Arcobaleno pasta— naturally colored with squid ink, beet, spinach, tomato, pepper or cumin— is more popular with tourists as a souvenir than as a food.

Les Italiens engloutissent chaque année 27 kg de pâtes aux formes diverses et variées (aucun peuple au monde ne fait mieux). Pourtant, il existe peu de pâtes en forme de gondoles. Les gondolettes Arcobaleno – colorées naturellement à l'encre de seiche, à la betterave, aux épinards, à la tomate, au poivron ou au cumin – finissent rarement dans les assiettes. Elles intéressent surtout les touristes, qui les ramènent en souvenir.

The Maya,
an indigenous
people of Mexico and
Guatemala, have few material possessions. But those they have follow them
to the grave: Mayan dead are buried
with simple eating utensils fashioned
from local forest fruit. The pear-shaped
object is actually a cup, which may have
contained *atole*, a drink made from corn.

**Les
Mayas,**
peuple
d'origine du
Mexique et du
Guatemala, n'ac-
cumulent guère les biens
matériels. Toutefois, le peu qu'ils possèdent
les suivra dans la tombe. A toutes fins utiles, on
les enterre en effet avec leur batterie de cuisine
– des ustensiles simples fabriqués à partir des
fruits de la forêt. Ce récipient en forme de poire
n'est autre qu'une tasse, qui pourrait avoir
contenu l'*atole*, boisson à base de maïs.

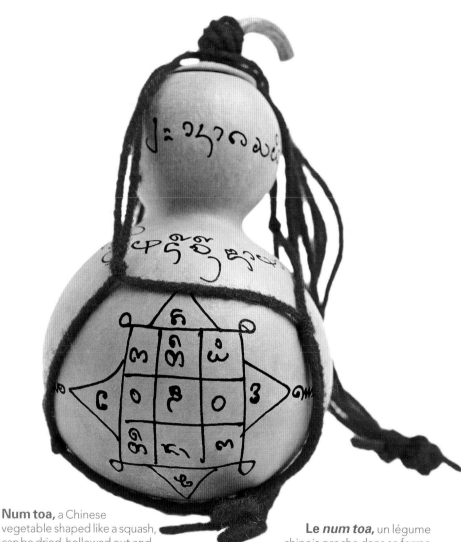

Num toa, a Chinese vegetable shaped like a squash, can be dried, hollowed out and used as a water jug. Unfortunately, they are gradually being replaced by plastic containers. Give them as a present or wear miniature ones around your neck as a good luck charm.

Le *num toa*, un légume chinois proche dans sa forme de la courge, peut être séché, évidé et utilisé comme calebasse. Malheureusement, il est peu à peu supplanté par le seau en plastique. Offrez-le ou portez-le en sautoir, version miniature : c'est un excellent talisman.

Does your mother love you?
In South Korea, schoolchildren can tell
how much their mothers love them by
the size of their lunch boxes. Every day
mother cooks and packs a lunch—she
might even use recipes from a lunch
box cookbook. A typical meal used
to include steamed rice, vegetables
or meat and sometimes soup and dessert. But now children want Western-
style foods like pizzas and hamburgers
(blamed for an increase in obesity).
Another sign of a mother's love is a
picture of your favorite cartoon character on the lunch box.

Est-ce que maman t'aime? En Corée du
Sud, les petits écoliers mesurent l'affection
maternelle à la taille de leur boîte déjeuner.
Chaque jour, maman prépare le bon miam
miam et l'emballe bien comme il faut – allant
parfois jusqu'à recourir à des recettes spéciales
panier-repas. Le déjeuner type à emporter fut
longtemps à base de riz vapeur, de légumes ou
de viande, auxquels maman ajoutait à l'occasion une soupe et un dessert. Mais aujourd'hui,
les enfants exigent hélas des plats à l'occidentale, pizzas et autres hamburgers (responsables
d'une recrudescence d'obèses). Autre signe
indubitable d'amour maternel : ton héros
de dessins animés préféré, en vignette
sur le couvercle.

Indian lunch box Tiffins come in various types of metals and various sizes, but they're usually made of two or three round steel containers stacked on top of one another and secured with a clasp. During delivery, the tiffin is carried inside a round aluminum box. Sita Ram is a *dabba-wala*, one of the 2,500 men who carry lunches from the residential suburbs of Mumbai to offices downtown. Housewives complain if he is late to pick up the lunches. "The lunches are all the same. *Chapati* [flat bread], *dal* [pulses], one vegetable, in three little compartments in a box," says Sita. "Sometimes we carry messages to the office and are tipped for the effort. Once a lady told me to tell her husband that his father had died and that he was urgently needed back home. The boxes reach each office at 12:45 pm sharp and are collected at 1:30 pm sharp. Each box is 2–2.5kg. Each crate holds 35–40 boxes. Each full crate weighs about 90kg. Only when I die will I get out of this."

Boîte déjeuner indienne Le *tiffin*, version indienne de la gamelle repas, se présente dans divers types de métal et des dimensions variées, mais avec une constante : il comporte en général trois plats métalliques ronds qui se superposent, le tout surmonté d'un couvercle à fermoir. Pour les livraisons, le tiffin se transporte à l'intérieur d'un étui circulaire en aluminium. Sita Ram est un *dabba-wala*, l'un des 2 500 livreurs qui transportent les gamelles déjeuner depuis les banlieues résidentielles de Mumbai jusqu'aux bureaux du centre-ville. S'il a le malheur d'arriver en retard, les ménagères portent plainte. « Les repas se ressemblent tous, indique-t-il. Des *chapatis* [pains plats], du *dal* [haricots de soja] et un légume, dans trois compartiments, le tout dans une boîte. Quelquefois, on transmet des messages dans les bureaux – on touche des pourboires pour ça. Un jour, une dame m'a demandé de dire à son mari que son père venait de mourir et qu'il fallait qu'il rentre d'urgence. Les boîtes arrivent dans les bureaux à 12h45 exactement, et elles sont rendues à 13h30 précises. Un tiffin, ça pèse dans les 2-2,5 kg. Dans chaque caisse on loge 35 à 40 boîtes. Ça vous fait du 90 kg la caisse pleine. Moi, le jour où je me sortirai de ça, c'est que je serai mort. »

Dom Pérignon, the preferred champagne of the world's elite, is now available in a delicately flavored sorbet. Place your order with French caterer Dalloyau, for a minimum of 10 liters for FF7,800 (US$1,100).

Le Dom Pérignon, champagne de l'élite mondiale, est maintenant disponible en sorbet subtilement parfumé. Prévoyez de nombreux convives : la commande minimale chez le traiteur français Dalloyau est de 10 litres (au prix de 7 800 FF , soit 1 100 $ US).

Caviar ice cream

Imperial Caviar was once the personal reserve of the Shah of Iran. Today, a kilogram costs US$3,100. The golden eggs come from rare albino sturgeons in the Caspian Sea. Some people are so partial to caviar that they even put it on ice cream.

Glace au caviar Le caviar impérial, qui fut jadis l'apanage exclusif du Shah d'Iran, coûte aujourd'hui la bagatelle de 3 100 $ US le kilo. Ses œufs dorés proviennent d'esturgeons albinos rarissimes, pêchés dans la Mer Caspienne. Certains inconditionnels vont même jusqu'à napper leurs glaces de caviar.

Eiswein German producers of ice wine, or Eiswein, leave the grapes on the vine late into winter. After the water in the fruit has frozen, the grape is crushed between marble slabs. Because it takes a lot of grapes to produce one bottle of wine, this 1985 Eiswein Riesling Rheingau retails for US$510.

Eiswein Les viticulteurs allemands qui produisent le vin de glace ou Eiswein laissent le raisin sur la vigne une partie de l'hiver. Une fois l'eau gelée à l'intérieur des grappes, le raisin est pressé entre des meules de marbre. Comme il faut beaucoup de raisin pour produire une bouteille, vous ne trouverez pas ce Riesling Eiswein Rheingau 1985 à moins de 510 $US.

Fuel At gypsy funerals in the Czech Republic, the deceased are often buried with alcohol and cigarettes. Most corpses get one bottle of spirits (often locally produced Becherovka, the national drink) and several packs of Marlboro cigarettes: Because Marlboros cost 7CKS (US$0.20) more than domestic brands, they're seen as a status symbol—even in the afterlife.

Carburant En République tchèque, les Tziganes ont coutume d'enterrer leurs morts avec une provision d'alcool et de cigarettes. Pour leur dernier voyage, la plupart des défunts emporteront leur bouteille de Betcherovka (la boisson nationale, souvent distillée maison) et plusieurs paquets de Marlboro. Ces cigarettes, qui coûtent 7 K (0,20 $ US) de plus que les marques locales, constituent un signe extérieur de richesse – même dans l'au-delà.

Patapata-chan, or "Little Flapetty-flap" is a penguin that will warn you if you leave your water running. This small, wing-flapping tap attachment from Japan also entices children to wash their hands after using the toilet.

Patapata-chan ou « Petit Clap-Clap » est un pingouin qui nous vient du Japon et nous avertit si le robinet d'eau est mal fermé. Il s'agit d'un embout à fixer au-dit robinet, qui bat des ailes dès qu'un filet d'eau le traverse. Incidemment, il sert aussi à attirer les enfants pour qu'ils se lavent les mains après un passage aux toilettes.

Itinerant monks and other travelers in rural Thailand quench their thirst from an *orng num*. These ceramic bowls are filled with fresh water and placed outside village houses. Though they're communal, each household has to provide its own, according to tradition.

Les moines itinérants et autres arpenteurs des campagnes thaïlandaises étanchent leur soif en buvant l'eau des *orng num*. Dans les villages, ces jarres de céramique remplies d'eau fraîche sont placées à l'extérieur des maisons. Bien qu'elles appartiennent à la communauté, chaque foyer doit fournir la sienne, dans le respect de la tradition.

Give mom a traditional *licitarsko srce* on Mother's Day (celebrated on the second Sunday in May) in the Slavonia region of Croatia. This red, heart-shaped cake serves as a decoration rather than a foodstuff (which is why it comes complete with mirror, message and a ribbon for hanging).

You know you've made it as a comedian in Japan when you have your face on green tea candies (¥400, US$3.50). Pop into Kato Cha's shop in Tokyo for some tofu cheese curls, green tea jelly and other paraphernalia with the funny man's face on it.

Offrez à maman un *licitarsko srce* pour la fête des Mères (célébrée le deuxième dimanche de mai). Ce gâteau traditionnel de Slavonie (une province croate), en forme de cœur rouge, se savoure de préférence avec les yeux (aussi vous le vend-on accompagné d'un ruban pour le suspendre, d'un miroir et d'un message de vœux).

Vous serez sûr d'avoir percé sur la scène comique japonaise lorsque vous verrez paraître votre portrait sur les boîtes de bonbons au thé vert (400 ¥, soit 3,50 $ US). Pour patienter, faites un tour à la boutique Kato Cha de Tokyo : vous y trouverez des amuse-gueule au tofu, des pâtes de fruits au thé vert et autres étrangetés présentant toutes la même face de comique sur l'emballage.

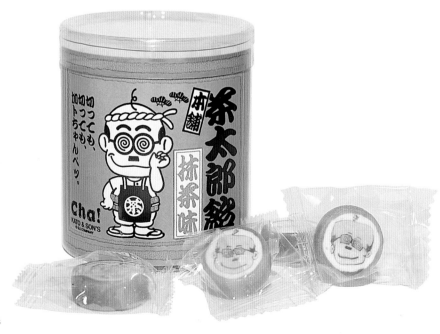

Pratila te uvijek sreća
A u žitku radost veća.

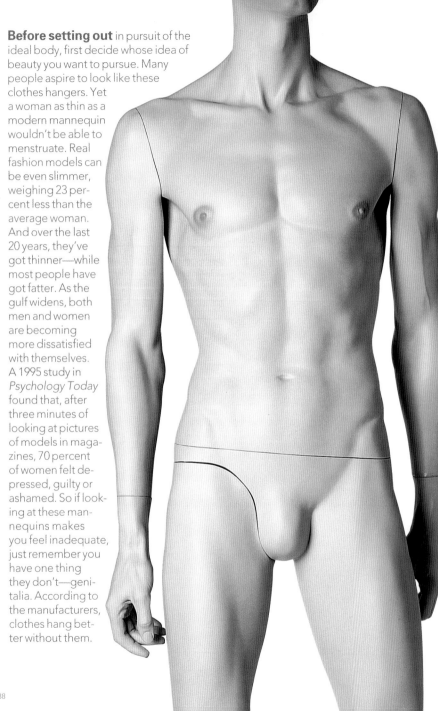

Before setting out in pursuit of the ideal body, first decide whose idea of beauty you want to pursue. Many people aspire to look like these clothes hangers. Yet a woman as thin as a modern mannequin wouldn't be able to menstruate. Real fashion models can be even slimmer, weighing 23 percent less than the average woman. And over the last 20 years, they've got thinner—while most people have got fatter. As the gulf widens, both men and women are becoming more dissatisfied with themselves. A 1995 study in *Psychology Today* found that, after three minutes of looking at pictures of models in magazines, 70 percent of women felt depressed, guilty or ashamed. So if looking at these mannequins makes you feel inadequate, just remember you have one thing they don't—genitalia. According to the manufacturers, clothes hang better without them.

Avant de vous lancer à la poursuite du corps idéal, choisissez l'idéal de beauté qui sera le vôtre. Beaucoup aspirent à ressembler à ces mannequins de vitrine. Sachez pourtant qu'une femme aussi maigre ne serait pas en mesure d'avoir ses règles. Les mannequins de chair et d'os arrivent cependant à être encore plus maigres, et à peser 23 % de moins qu'une femme ordinaire. Pire, au cours des vingt dernières années, elles ont encore maigri – pendant que nous, gens ordinaires, nous prenions des kilos. A mesure que l'abîme se creuse, hommes et femmes sont de plus en plus insatisfaits de leur corps. Une étude publiée dans *Psychology Today* en 1995 a montré qu'après trois minutes passées à regarder des photos de mannequins dans les magazines, 70 % des femmes se sentaient déprimées, coupables ou honteuses. Un conseil, donc : si, à la vue de ces mannequins, vous ne vous sentez pas conforme, rappelez-vous que vous possédez un petit quelque chose de plus : des organes génitaux. Selon les fabricants, les vêtements tombent bien mieux sans ces encombrants appendices.

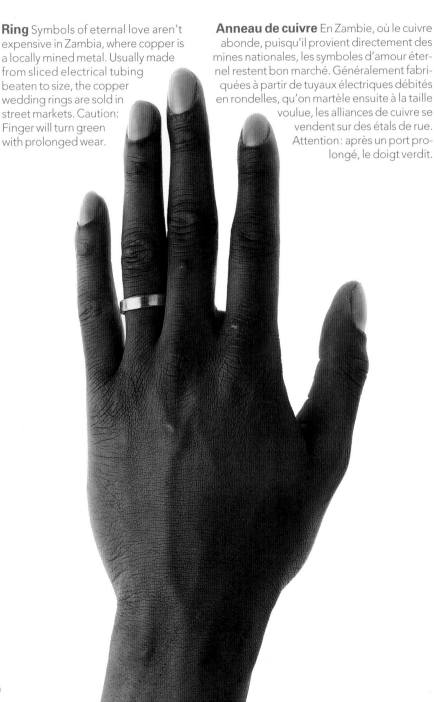

Ring Symbols of eternal love aren't expensive in Zambia, where copper is a locally mined metal. Usually made from sliced electrical tubing beaten to size, the copper wedding rings are sold in street markets. Caution: Finger will turn green with prolonged wear.

Anneau de cuivre En Zambie, où le cuivre abonde, puisqu'il provient directement des mines nationales, les symboles d'amour éternel restent bon marché. Généralement fabriquées à partir de tuyaux électriques débités en rondelles, qu'on martèle ensuite à la taille voulue, les alliances de cuivre se vendent sur des étals de rue. Attention : après un port prolongé, le doigt verdit.

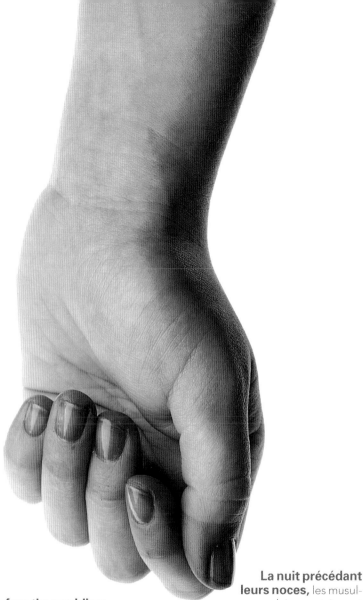

The night before the wedding, Malaysian Muslim women stain all 10 fingers up to the first joint with henna, a dye that's supposed to prevent evil spirits from entering the body through the extremities. Take care when applying, as henna stains for two months.

La nuit précédant leurs noces, les musulmanes malaises se teignent les dix doigts au henné jusqu'à la première phalange. Cette coloration est censée empêcher les esprits malfaisants de pénétrer leur corps par les extrémités. A manipuler prudemment : les taches indésirables mettront deux mois à disparaître.

Most prison tattooists use homemade tattoo guns like this one, fashioned from guitar string, a propelling pencil, a motor from a personal stereo, and batteries. Ink is made by burning black chess pieces or carbon paper, then mixing the ash with water. No color— it's too cartoonish. "Unlike on the outside, there are no duplicate patterns," said one tattooist. "Prison tattoos have to be one of a kind." Standardized gang affiliation tattoos are also popular, though: "13" denotes southern Mexicans, for example, and a clover means a Nazi (the number 5150 is police code for "insane person"), but consultation is advised before going under the needle. "A lot of tatts get done in juvenile detention," continues our source. "Say a young white guy has a clover—if the Nazis don't think he's worthy of it, they'll remove it, by skinning him or whatever."

La plupart des tatoueurs de prison utilisent des pistolets à tatouer faits main semblables à celui-ci – qui fut réalisé à partir d'une corde de guitare, d'un porte-mine, d'un moteur de petite stéréo et de piles. On fabrique l'encre en brûlant des pièces d'échecs noires ou du papier carbone, puis en mélangeant les cendres à de l'eau. Pas de couleurs, surtout – cela ferait dessin animé. « A la différence de ce qui se fait dehors, il n'y a pas de motifs dupliqués ici, nous précise un tatoueur. Les tatouages de prison doivent rester des pièces uniques. » Toutefois, les tatouages standardisés, symboles d'affiliation à un gang, sont tout aussi répandus : le nombre 13, par exemple, est réservé aux Mexicains du Sud, le trèfle est un signe de reconnaissance nazi (et le chiffre 5150 au-dessus des sourcils correspond à un code des services de police signifiant « aliéné mental »). Il est néanmoins hautement recommandé de consulter avant de se livrer à l'aiguille. « Beaucoup de tatouages se font en détention juvénile, poursuit notre interlocuteur. Imaginez par exemple un jeune Blanc avec un trèfle – si les nazis estiment qu'il n'en est pas digne, ils vont le lui enlever, en l'écorchant ou par n'importe quel moyen. »

Until 30 years ago, the Zo'é Indians lived in peaceful obscurity in the Brazilian Amazon. Then Protestant missionaries arrived, pressuring the Zo'é to change their religion, diet and traditions. "They didn't understand difference," says Sydney Possuelo of Brazil's National Indian Foundation (FUNAI). "Since the white man came, the Zo'é population has gone down." For now, the Zo'é custom of inserting large bits of wood through the lip has been left undisturbed. The wooden plug (*poturu*) is inserted into a child's lower lip through a hole punched with a sharpened monkey bone. As the child grows, the plug is regularly replaced by a larger one. "It doesn't make eating difficult," says one Zo'é specialist. "Zo'é cuisine includes a lot of porridge. And kissing is not their way of showing affection—it's rarely practiced by Amazonian Indians."

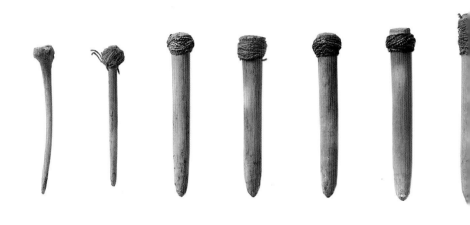

Il y a trente ans encore, les Indiens Zo'é vivaient heureux dans l'obscurité paisible de l'Amazonie brésilienne. C'est alors qu'arrivèrent des missionnaires protestants, qui exercèrent sur les Zo'é toutes les pressions imaginables afin qu'ils changent de religion, de régime alimentaire et de traditions. «La différence était un concept qui dépassait totalement les colons, souligne Sydney Possuelo, de la Fondation nationale indienne du Brésil (FUNAI). Depuis la venue de l'homme blanc, la population Zo'é décline.» Jusqu'à présent, la coutume zo'é consistant à s'insérer dans la lèvre de gros morceaux de bois perdure contre vents et marées. Cette broche (*poturu*) est glissée dans un trou percé dans la lèvre inférieure de l'enfant au moyen d'un os de singe affûté. A mesure qu'il grandit, la broche est remplacée par une autre, de plus en plus grande. «Cela ne les gêne pas pour manger, affirme un spécialiste de ce peuple. L'alimentation des Zo'é est à base de bouillie. De plus, le baiser n'est pas leur façon de témoigner leur affection – il est rare que les Indiens d'Amazonie embrassent.»

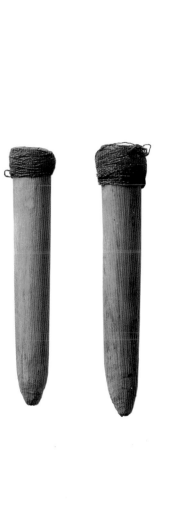

Food wrap Colombian transvestites consider plastic food wrap an important beauty aid. "The idea is to hide the penis and flatten the waist for a trim figure," explains Carlos, a transvestite from Bogotá. Generally dressed as a man, Carlos uses the wrap when competing in transvestite beauty contests. "My friends tell me I look fabulous," he says. "But to get it tight enough, you have to have two people help you wrap," Carlos admits. "Eventually it gets so hot you can't stand it. You start dripping in sweat, and the plastic starts to slide off. After an hour, it just doesn't work."

Pubic wig Known as a "Night Flower" in Japan, this fluffy clump of recycled human hair is worn on the pubis. "My grandfather made the first Night Flower 50 years ago," says Takashi Iwasaki, president of Komachi Hair Co. Komachi sells Night Flowers primarily to schoolgirls and brides ashamed of their relative lack of pubic hair. "Our best month is June, which is bridal season," said Iwasaki, "but we also sell a lot in spring and early fall, when the students go on class trips and the girls have to bathe together." For many customers, he explains, the Night Flower is a way to get through a difficult stage in their psychological development. "Eventually they're able to do without the wig altogether."

Film alimentaire Les travestis colombiens considèrent le film plastique alimentaire comme un accessoire essentiel de leur séduction. «L'idée, c'est de cacher le pénis et d'affiner la taille pour avoir une silhouette svelte», explique Carlos, 29 ans, un travesti de Bogotá. Lui qui s'habille en homme dans sa vie de tous les jours ne s'emmaillote de film plastique que lorsqu'il participe à des concours de beauté pour travestis. «Les copains me trouvent superbe, assure-t-il. Seulement, on a besoin de deux personnes pour serrer au maximum. Au bout d'un moment, ça chauffe tellement là-dedans qu'on ne peut plus supporter. On se met à dégouliner de sueur, et le plastique glisse. Ça ne tient pas plus d'une heure.»

Postiche pubien Délicatement nommée «fleur de nuit» (Night Flower) au Japon, cette touffe duveteuse de poils humains recyclés se porte sur le pubis. «C'est mon grand-père qui fabriqua la première Night Flower, il y a cinquante ans», indique Takashi Iwasaki, président de Komachi Hair Co. Le produit séduit surtout les lycéennes et les futures mariées honteuse de leur poil pubien relativement peu fourni. «Notre meilleure période est juin, le mois des mariages, nous a confié Iwasaki, mais nous vendons aussi très bien au printemps et en début d'automne – c'est l'époque de l'année où les lycéens partent en voyage scolaire, et où les filles doivent se baigner ensemble.» Pour beaucoup de clientes, explique-t-il, la Night Flower est un moyen de surmonter une période difficile de leur développement psychologique. «Tôt ou tard, elles parviendront à se passer du postiche.»

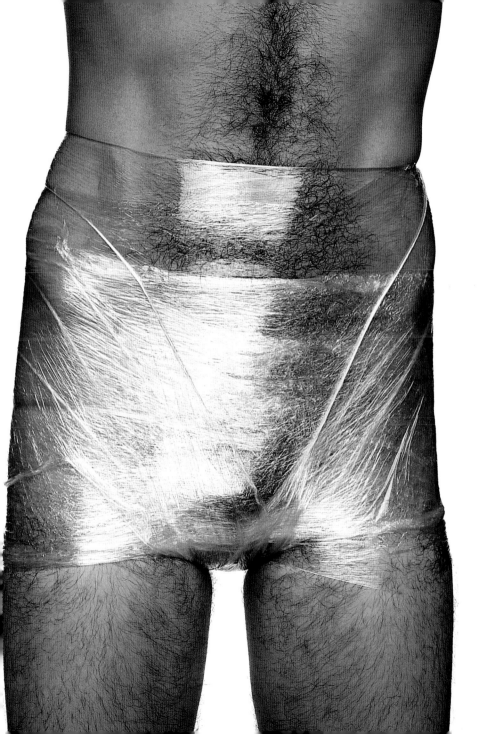

Temporary Madagascan corpses are laid in their tombs in woven straw mats like this one. If you're not happy with your mat, don't worry. After four to seven years, you'll be dug up again, danced around the village, and given a new one. The old mat is believed to have special fertility powers: Pieces are torn off by young women, who hope it will bring them many children.

Temporaire A Madagascar, les corps sont mis en terre dans des nattes de paille tressée comme celle-ci. Si la vôtre n'a pas l'heur de vous plaire, pas de regrets: d'ici quatre à sept ans, vous serez exhumé. On vous promènera en farandole tout autour du village, et l'on vous en donnera une toute neuve. L'ancienne natte sera conservée – on lui prête le pouvoir de favoriser la fécondité. Les jeunes femmes s'arracheront des lambeaux du suaire, dans l'espoir de s'assurer une abondante progéniture.

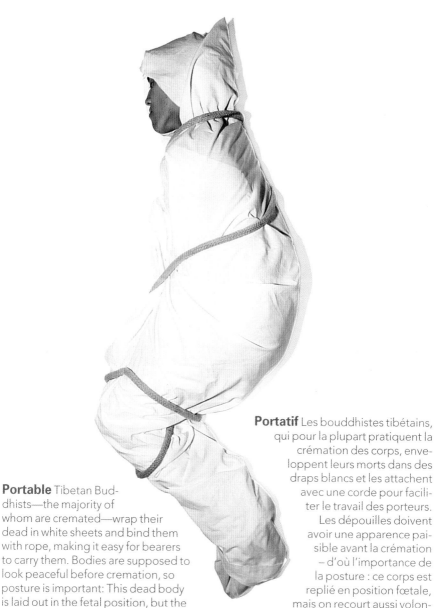

Portable Tibetan Buddhists—the majority of whom are cremated—wrap their dead in white sheets and bind them with rope, making it easy for bearers to carry them. Bodies are supposed to look peaceful before cremation, so posture is important: This dead body is laid out in the fetal position, but the "sleeping Buddha" (right cheek resting on hand) is a popular alternative.

Portatif Les bouddhistes tibétains, qui pour la plupart pratiquent la crémation des corps, enveloppent leurs morts dans des draps blancs et les attachent avec une corde pour faciliter le travail des porteurs. Les dépouilles doivent avoir une apparence paisible avant la crémation – d'où l'importance de la posture : ce corps est replié en position fœtale, mais on recourt aussi volontiers à la pose du « Bouddha couché » (la joue droite reposant sur la main).

Status symbols

Until he can stretch his ears over his head, a Maasai medicine man isn't considered respectable, says our correspondent in Kenya. Favorite devices for stretching pierced ears include stones or tin cans, but Maasai elders also use these film canisters, which conveniently double as snuff carriers. When their aluminum cooking pots wear out, Kenya's Turkana tribesmen melt them down to make these handsome lip plugs, which are inserted into an incision in the lower lip. Worn only by married warriors, they're a quick way to show off your social standing.

Signes extérieurs de richesse

Tant qu'il ne parvient pas à étirer ses trous d'oreilles jusqu'à pouvoir y passer la tête, un guérisseur massaï n'a pas ses lettres de noblesse, rapporte notre correspondant au Kenya. Parmi les instruments favoris dévolus à cet étirement, citons les pierres ou les boîtes de conserve, mais les anciens utilisent également des étuis à pellicule, qui leur font double usage, puisqu'ils s'en servent aussi comme blagues à tabac. De son côté, la tribu kenyane des Turkana fait fondre ses casseroles en aluminium usagées, afin de fabriquer ces élégantes broches à bouche, qu'on insère par une fente pratiquée dans la lèvre inférieure. Réservées aux seuls guerriers mâles mariés, elles sont un moyen expéditif d'afficher son statut social.

Happiness When a Hindu woman's husband dies, tradition dictates that she stop eating fish, wearing red and laughing in public. In Nepal, a widow's glass bangles and her *tika* (the red dot worn on the forehead) are placed with her husband's body. Worn for the first time at marriage, they are considered symbols of a woman's happiness. When her husband dies, they lose their meaning.

Bonheur Quand une femme hindoue perd son mari, la tradition lui impose de ne plus manger de poisson, de ne plus porter de rouge et de ne plus rire en public. Au Népal, on dépose auprès de la dépouille du mari les bracelets en verre de sa veuve et son *tika* (le point rouge qu'elle porte sur le front). Ces parures, étrennées le jour des noces, symbolisent le bonheur de la femme comblée. A la mort de l'époux, ils perdent donc leur sens.

The Bruise Busta Economy Chest Guard, molded from polyethylene, is designed to give sportswomen greater coverage under the arm, and above and below the breast. The 4mm airholes are small enough to keep the tip of a fencing foil or saber at bay. Although created for football, rugby and hockey, the chest guard is currently most popular with tae kwon do and karate artists.

Running sandals With logging interests threatening their land, runners from the Rarámuri tribe of northern Mexico now compete in a prestigious 160km cross-country footrace in the USA to raise money for their cause. In 1992, five Rarámuri ran the race in sneakers, but their feet swelled in the unfamiliar shoes and none of them finished. In 1993, six Rarámuri competed wearing *huaraches* (leather sandals with soles made from discarded tires). They finished 1st, 3rd, 5th, 7th, 10th and 11th in a field of 295.

La coque économique antichoc de protection pectorale (Bruise Busta Economy Chest Guard), moulée en polyéthylène, est conçue pour assurer aux sportives une meilleure protection sous les bras et autour des seins. Des trous d'aération de 4 mm y ont été ménagés, assez petits pour arrêter la pointe d'un fleuret ou d'un sabre d'escrime. Bien que créée pour le football, le rugby et le hockey, cette brassière protectrice est principalement utilisée de nos jours par les maîtres de tae kwon do et de karaté.

Sandales de course La déforestation menaçant leurs terres, sur laquelle l'industrie forestière a jeté son dévolu, des coureurs de la tribu Rarámuri, implantée dans le nord du Mexique, participent désormais à une prestigieuse course de fond de 160 km aux USA, afin de lever des fonds pour leur cause. En 1992, cinq coureurs rarámuri firent le parcours en baskets, mais leurs pieds enflèrent dans ces chaussures peu familières, si bien qu'aucun ne parvint à l'arrivée. En 1993, six Rarámuri concoururent, chaussés cette fois de *huaraches* (sandales en cuir dont les semelles sont découpées dans des pneus usagés) : ils finirent 1er, 3e, 5e, 7e, 10e et 11e sur 295.

New person There is a chemical in your head called serotonin. Scientists have found that it is connected with feelings of confidence and self-esteem: The higher your serotonin level, the better you feel about yourself. Now you can take a drug called Prozac to raise your serotonin level. Approved in the US in 1987 to treat severe depression, Prozac is already one of the top-selling drugs ever. This is partly because doctors prescribe it not only for depression, but for all kinds of supposed psychological shortcomings, from shyness to over-seriousness. More than 11 million people are taking Prozac at the moment (including one in 40 people in the USA), and millions of others have used it to overcome short-term crises. In 1993 worldwide Prozac sales reached US$1.2 billion. The US media reports that the latest wave of Prozac users are ambitious professionals who want to improve their confidence and competitiveness in the workplace. If you're not on Prozac already, you may soon have to take it to compete with them. One capsule costs about $2.

Renaissance Les scientifiques ont découvert un lien entre les sentiments de confiance en soi et d'estime de soi et une substance présente dans notre cerveau, la sérotonine. Plus notre niveau de sérotonine est élevé, plus nous nous sentons bien dans notre peau. Or, il est désormais possible de parvenir à ce résultat grâce au Prozac, un antidépresseur qui stimule la sécrétion de cette substance. Agréée aux Etats-Unis en 1987 pour le traitement des dépressions profondes, cette «pilule du bonheur» est déjà l'un des médicaments les plus vendus de tous les temps. Il faut dire que les médecins ne la prescrivent pas seulement pour les dépressions, mais aussi pour traiter des problèmes psychologiques de tous ordres, de la timidité à l'excès de sérieux. On compte à l'heure actuelle plus de 11 millions de personnes dans le monde vivant sous Prozac (dont 1 sur 40 aux Etats-Unis), et des millions d'autres y ont déjà recouru pour venir à bout de crises temporaires. En 1993, le chiffre de vente mondial de Prozac atteignait 1,2 milliards de dollars US. D'après les médias américains, la nouvelle vague de consommateurs de Prozac est constituée de carriéristes – cadres supérieurs et membres des professions libérales – qui souhaitent améliorer leur confiance en eux et leur compétitivité dans le domaine professionnel. Si vous n'êtes pas déjà sous Prozac, vous pourriez bientôt en avoir besoin pour vous mesurer à eux. Une gélule coûte environ 2$.

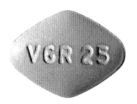

Fringe benefits In 1998, Mayor Elcio Berti of Bocaiúva Do Sul, Brazil, handed out free Viagra to raise the town's population. Every second, somewhere in the world, three men swallow Viagra to raise their penises.

Avantages en nature En 1998, Elcio Berti, maire de Bocaiúva Do Sul, au Brésil, a procédé à une distribution gratuite de Viagra pour accroître le nombre de ses administrés. A chaque seconde, quelque part dans le monde, trois hommes avalent du Viagra pour s'assurer une érection.

Gel According to sources in the Japanese porn industry, Pepee gel is used by actors to make their genitals glisten on camera.

Padding You can't please everyone all of the time. While some people would give anything to have a flat backside, in Japan some women buy padding to wear under their panties. Pad manufacturer Wacoal estimates that 60 percent of Japan's female population admire the "fuller" Western figure and want to imitate it without the pain and expense of plastic surgery. They wear pads to enlarge the breasts and to round the bottom.

Gel Selon nos informateurs dans l'industrie pornographique nippone, le gel Pepee est utilisé par les acteurs pour faire briller leurs parties génitales devant les caméras.

Rembourrage On ne peut plaire à tous à tout moment. Si d'aucunes donneraient n'importe quoi pour avoir un derrière plus plat, au Japon certaines femmes achètent des rembourrages pour les porter sous leurs culottes. Selon les estimations de la société Wacoal, qui fabrique de tels articles, 60% des Japonaises admirent les formes «pleines» de la silhouette occidentale et ne rêvent que de se les approprier – sans les souffrances ni les dépenses afférentes à la chirurgie esthétique. Aussi se rembourrent-elles pour augmenter leur tour de poitrine ou arrondir leur postérieur.

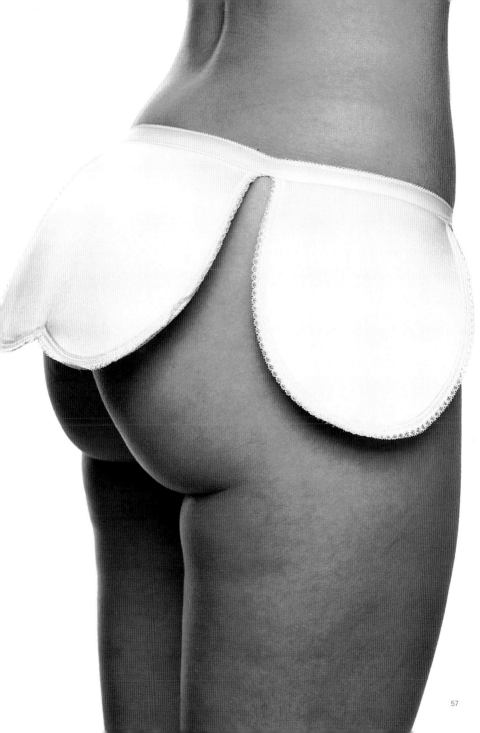

Your brain floats in a salt and potassium fluid, tethered to the skull by delicate blood vessels. A well-placed punch to the head can slam the brain so hard against the skull that vessels tear and the brain hemorrhages. This boxing headguard is stuffed with dense foam to minimize the shock of a blow, but as the brochure says, "The user must assume full responsibility for any injury sustained through the use of these products."

Votre cerveau flotte, figurez-vous, dans un fluide très concentré en sel et en potassium. Il n'est guère rattaché au crâne que par de fragiles vaisseaux sanguins. Un coup de poing sur la tête bien placé peut donc le projeter violemment contre la boîte crânienne, provoquant une rupture de vaisseaux et une hémorragie cérébrale. Cette protection pour boxeur, rembourrée de mousse dense, amortit certes les chocs mais, comme le stipule la brochure : « L'utilisateur devra assumer la totale responsabilité de toute blessure contractée lors de l'utilisation de ces produits. »

In tae kwon do, a Korean martial art, a kick or punch to your opponent's head scores points. All combatants are required to wear foam helmets. This one has ventilation holes and extra padding around the ears.

Au tae kwon do, art martial coréen, un coup de pied ou de poing porté à la tête de l'adversaire permet de marquer des points. Tous les combattants sont tenus de porter des casques en mousse. Celui-ci est muni de trous de ventilation et d'un rembourrage de renfort autour des oreilles.

Curlers Wherever you go in Cuba, women are working, shopping or hanging out—with tubes, pipes and toilet paper rolls twisted into their hair. If you had never seen curlers before, you might guess they were some sort of sexy head decoration, or maybe a religious accessory. In fact, they are worn to give the hair more body: "We don't get fashion magazines here," explains Mario Luis, the most sought-after hairstylist in Baracoa, "so women choose hairstyles from the soap operas for which you need curlers." Mario Luis, who favors a more natural look, discourages his clients from relying on curlers. But a much more serious fashion crime, he says, is wearing them in public. "The culture of dressing up has been lost here. It has to do to with the general lack of culture and aesthetics. Most women don't have a daily regimen—they don't go to breakfast at important places or show off their figures at the office. When food arrives at the store, a housewife runs out to buy some, because if not, the food runs out and everyone goes hungry. If you have your curlers on, you leave them on."

Bigoudis Où que vous alliez à Cuba, le spectacle est le même : qu'elles soient au travail, en train de faire leurs courses ou de prendre l'air, les femmes se promènent le crâne chargé de divers tubes, bouts de tuyau ou cartons de papier toilette enroulés dans leurs cheveux. Qui n'aurait jamais vu de bigoudis croirait volontiers à une sorte de coiffure sexy, voire une parure religieuse. Erreur : ils servent à donner du volume aux chevelures. « Nous ne recevons pas de magazines de mode ici, explique Mario Luis, le coiffeur le plus couru de Baracoa. Les femmes choisissent leur style de coiffure en s'inspirant des feuilletons télé, et c'est un genre pour lequel il faut des bigoudis. » Lui-même préfère les looks plus naturels et dissuade plutôt ses clientes de recourir à cette armurerie. Mais la faute de style par excellence, selon lui, est de les porter en public. « Les gens d'ici n'ont plus la moindre notion d'élégance, ils ne savent plus ce que c'est de se faire beau. C'est le résultat d'un manque général de culture et de goût. La plupart des femmes n'ont pas de vie sociale bien réglée qui les pousserait à s'habiller, elles ne sortent pas en ville prendre des petits déjeuners mondains, elles ne vont pas au bureau pour se montrer et faire les belles. Quand il y a un arrivage de provisions dans les magasins, la ménagère se précipite dehors pour en acheter, sinon tout est dévalisé et toute la famille a faim. Si à ce moment-là, on a des bigoudis sur la tête, on les garde. »

Tired of bad hair days?
Try consulting the patron saint of hairdressers and barbers—St. Martin de Porres. His Miracle Shampoo, from St. Toussaints, is guaranteed to leave your hair silky and manageable. Or so the packaging claims. If not, he might be busy protecting someone else: he's also responsible for public health workers, people of mixed race, public education and Peruvian television.

Las des cheveux tristes des mauvais jours ?
Consultez donc le saint patron des coiffeurs et barbiers, saint Martin de Porres. Son Shampooing miracle, de chez St. Toussaints, vous laissera le cheveu soyeux et facile à coiffer. Du moins à en croire l'emballage. Sinon, patience : le pauvre saint est peut-être occupé à protéger quelqu'un d'autre – n'est-il pas également responsable des personnels de santé, des métisses, de l'éducation nationale et de la télévision péruvienne ?

Instant beauty Some people pay hundreds of dollars to have minor skin blemishes removed. It costs a lot less to put them on, with the Beauty Mark! cosmetic kit from Temptu Marketing. Dip a plastic applicator into the bottle of Beauty Mark! formula, dot your face (or wherever), and allow two minutes to dry. These waterproof beauty marks don't smudge or run, but fade naturally: Feel like Marilyn Monroe, Madonna or Cindy Crawford for up to 12 hours. The Beauty Mark! kit comes with 40 plastic applicators which, like the marks themselves, are completely disposable and require no long-term commitment.

Beauté-minute Il est des gens qui déboursent des centaines de dollars pour se faire enlever de petites imperfections de la peau. On dépensera beaucoup moins à s'en rajouter – ce qui est désormais possible, grâce au kit cosmétique Beauty Mark!, de chez Temptu Marketing. Plongez l'applicateur plastique dans le flacon de formule spéciale Beauty Mark!, dessinez la mouche désirée sur votre visage (ou tout autre point de votre corps), et laissez sécher deux minutes. Ces grains de beauté waterproof ne bavent pas, ne coulent pas, et s'estompent naturellement. Vous avez douze heures pour jouer les Marilyn Monroe, les Madonna ou les Cindy Crawford. Le kit Beauty Mark! comprend 40 applicateurs plastique qui, comme les mouches qu'ils produisent, n'exigent aucun engagement à long terme: ils sont tout à fait temporaires.

Marks on a Yoruba boy from Nigeria identify his clan, village and tribe. Scarification—designs scored into the skin using a razor or knife—used to be widespread in Africa, but "modern times are reducing old traditions," says Professor Isaac Olugboyega Alaba, a specialist in Yoruba studies at the University of Lagos, Nigeria. "There are no more tribal wars and no more slave trade, so the problem of being mixed up or getting lost is a thing of the past." Even today, at least one member of a chief's family is scarred to uphold tradition. The marks are cut into an infant's skin, usually before dawn (before the blood warms up, so less will be lost). Other tribes rub ash or dirt into the wound so the tissue builds up to form a raised scar, but the Yoruba apply the liquid found inside a snail shell—calcium deposits from the shell soothe pain and help clot the blood. To speed up healing, the baby is fed plenty of protein, like fish, meat and eggs.

Les marques que porte sur le corps ce jeune Yoruba du Nigeria permettent d'identifier son clan, son village et sa tribu. La scarification – incision de motifs dans la peau au moyen d'un rasoir ou d'un couteau – était autrefois largement répandue en Afrique, mais «la modernité fait reculer les traditions, constate le Pr Isaac Olugboyega Alaba, spécialiste des études yoruba à l'université de Lagos, au Nigeria. Il n'y a plus de guerres tribales ni de traite d'esclaves, donc plus de risque pour l'individu d'être perdu ou confondu avec un autre.» Néanmoins, aujourd'hui encore, on scarifie au moins un des membres de la famille du chef pour que perdure la tradition. Les marques sont incisées dans la peau du bébé, d'ordinaire avant l'aube (avant que le sang ne se réchauffe, afin d'en limiter l'écoulement). Dans d'autres tribus, on frotte la plaie avec des cendres ou de la terre afin qu'elle s'en emplisse et qu'en cicatrisant, les tissus forment un relief, mais les Yoruba préfèrent quant à eux appliquer sur l'incision un liquide recueilli à l'intérieur des coquilles d'escargot. Les dépôts de calcium qu'il contient calment la douleur et améliorent la coagulation. Pour accélérer encore la guérison, on gave le bébé d'aliments protéinés – poisson, viande ou œufs.

Brands—designs burned into the skin with hot metal—were notoriously inflicted on African slaves to symbolize ownership or punishment. These days, the practice has been "reclaimed" by gangs and by predominantly African-American college fraternities. "They don't see it as harming themselves," says Michael Borrero, director of the US-based Institute for Violence Reduction. "It's a rite of passage. The more you can tolerate without yelling, the stronger a person you are." To make the brand, heat a metal object such as a fork, a paper clip, a coat hanger or a cookie-cutter (like the one pictured) over a stove and press against the skin. It takes only a second for the skin to shrivel around the metal, leaving you with a perfectly presentable third-degree burn.

Le marquage au fer rouge – motif réalisé en brûlant la peau à l'aide d'un métal chaud – était, c'est bien connu, couramment infligé aux esclaves africains, soit pour indiquer à qui ils appartenaient, soit en manière de punition. De nos jours, cette pratique a été récupérée par les gangs et par des confréries d'étudiants à prédominance afro-américaine. « Ils n'estiment pas se faire de mal, explique Michael Borrero, directeur de l'Institut américain pour la réduction de la violence. C'est un rite de passage. Plus on peut endurer sans crier, plus on est fort. » Pour réaliser le marquage, chauffez sur une cuisinière un objet en métal – fourchette, trombone, cintre ou emporte-pièce à biscuits (comme celui présenté ici) – et appliquez-le sur la peau. En une seconde à peine, celle-ci se racornit autour du métal, laissant une brûlure au troisième degré tout à fait présentable.

"True Love Waits" is a chastity movement that has attracted 340,000 young Americans since it was started by the Southern Baptist church in 1993. By wearing a "True Love Waits" gold ring, you too can show your commitment to sexual abstinence before marriage.

« True Love Waits » (le véritable amour sait attendre) est un mouvement pour la promotion de la chasteté qui a attiré 340 000 jeunes Américains depuis sa fondation par l'Eglise baptiste sudiste, en 1993. Vous aussi pouvez témoigner de votre attachement à l'abstinence sexuelle avant les noces, en portant un anneau d'or « True Love Waits ».

Mask This is the face of the average European. She/he is 51 percent female and 49 percent male, 18 percent Italian, 3 percent Greek and 0.1 percent Luxembourger. Living in a two-person household, she/he consumes 42 liters of wine a year, is 31.5 years old, and probably works in the hotel and catering trade. Based on European demographic statistics, the mask was created by two UK-based artists as a political statement. But if you live in Europe and your face doesn't look like this one, wearing the mask could make your life easier: In the UK, there are 130,000 racially motivated incidents every year. And in France, where five million legal residents are of African or Arabic origin, two out of three people questioned in a 1996 UN survey said they had witnessed racial harassment—and the same number confessed to having racist attitudes themselves.

Masque Voici la physionomie de l'Européen moyen. Femme à 51% et homme à 49%; italien à 18%, grec à 3% et luxembourgeois à 0,1%, il/elle vit dans un foyer de deux personnes, consomme 42 litres de vin par an, est âgé(e) de 31 ans et demi, et travaille sans doute dans l'hôtellerie ou la restauration. C'est à partir de statistiques sur la démographie européenne que deux artistes britanniques ont créé ce masque, expression politique d'une réalité. Si vous êtes résident européen et que votre visage ne ressemble pas à celui-ci, ce masque pourrait bien vous faciliter la vie. En Grande-Bretagne, on recense chaque année 130 000 incidents racistes. En France, où 5 millions de résidents en situation régulière sont d'origine arabe ou africaine, les deux tiers des personnes interrogées lors d'une enquête menée par les Nations unies en 1996 ont avoué avoir été témoins d'outrages de nature raciste – et une proportion égale a admis avoir des comportements xénophobes.

She's beautiful, she's plastic, and she comes with 12 accessories (including brush, comb and curlers). The Valentina Beauty Center also comes in an identical white-skinned version. "She doesn't have black features because we used a single mold," says Roberto Bonazzi of Valentina's Italian manufacturer Grazioli. "We only changed the skin color—it's a matter of costs." Because of lack of demand, production of Valentina stopped in 1994. "There's no call for black dolls in Europe. But even our competitors in the USA don't make black dolls with the correct racial features: Realistic black features aren't very pleasant on a doll's face, they're pretty heavy. We only produce white, normal dolls now."

Elle est belle, elle est en plastique véritable, elle est vendue avec 12 accessoires (peigne, brosse et bigoudis en tête) : voici la poupée « salon de beauté » Valentina. Et elle existe même en blanc ! « Elle n'a pas les traits d'une Noire parce que nous n'utilisons qu'un seul moule pour les deux modèles, précise Roberto Bonazzi, de chez Grazioli, le fabricant italien. Pour une question de coût, nous n'avons changé que la couleur de la peau. » Hélas, la production de Valentina a été interrompue en 1994, le concept ne trouvant guère preneur. « En Europe, il n'y a pas de demande pour les poupées noires. Du reste, même nos concurrents américains ne respectent pas les véritables caractéristiques raciales. Sur une poupée, les traits négroïdes font mauvais effet – ils sont trop lourds. Nous ne produisons plus maintenant que des poupées blanches, normales. »

The **25 million Kurds** are the largest ethnicity in the world without a state of its own. Promised—but never granted—their own country after World War I, Kurds now live in parts of Turkey, Syria, Iraq, Iran, Armenia and Azerbaijan. They are almost universally despised for asserting their identity. The government of Turkey spends US$6 billion a year fighting its Kurdish separatists. Saddam Hussein's Iraq has tried to wipe out its four million Kurds altogether: Some 300,000 Kurdish civilians "disappeared" between 1983 and 1987. Then Iraq launched a religious war against them (complete with chemical weapons), razing 4,000 villages and killing another 100,000 Kurds. Many of those who survived are now starving, thanks to the UN's embargo against Iraq. This traditional Kurdish shoe is called a *klash*.

Ils sont 25 millions de Kurdes, soit la plus vaste communauté ethnique au monde dépourvue d'un Etat propre. Après la Seconde Guerre mondiale, on leur promit un pays, mais cet engagement resta lettre morte. Le peuple kurde vit aujourd'hui disséminé aux confins de la Turquie, de la Syrie, de l'Irak, de l'Iran, de l'Arménie et de l'Azerbaïdjan. Sa volonté farouche d'affirmer son identité ne lui vaut qu'un mépris quasi-universel. Ou pire. Le gouvernement turc dépense annuellement 6 milliards de dollars US dans sa guerre contre les séparatistes kurdes. Saddam Hussein vise quant à lui l'élimination pure et simple des 4 millions de Kurdes installés en Irak. Quelque 300000 civils kurdes ont « disparu » entre 1983 et 1987. Puis l'Irak entama ouvertement les hostilités, initiant un conflit religieux à l'arme chimique qui détruisit 4000 villages et tua 100000 Kurdes de plus. La plupart des survivants souffrent maintenant de la faim, grâce à l'embargo des Nations unies contre l'Irak. Au fait, vous admirez ici un *klash*, chaussure kurde traditionnelle.

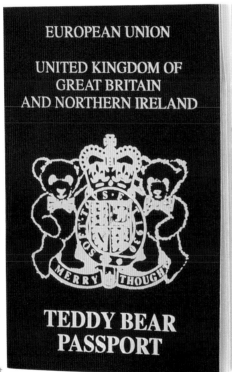

EUROPEAN UNION

UNITED KINGDOM OF
GREAT BRITAIN
AND NORTHERN IRELAND

TEDDY BEAR
PASSPORT

This passport gives teddy bears the right of abode in the UK and the right "to pass freely without let or hindrance." It also offers tips for their owners—Teddy should be examined for insects, vacuumed regularly, and kept away from swimming pools. Manufacturer Merrythought recommends that children traveling with their bear carry their passport at all times. To prevent abductions by parents who are denied child custody, the United Nations has officially asked governments to require that children carry their own passports, too. Nowadays, Japanese, British and Australian babies can't travel without one.

Ce passeport autorise les ours en peluche à résider en Grande-Bretagne et leur garantit « la libre circulation, sans entrave aucune » sur l'ensemble du territoire. Il contient également une notice à l'attention du propriétaire, où il est recommandé d'épouiller la peluche, de la dépoussiérer régulièrement et de la tenir éloignée des piscines. Le fabricant de jouets Merrythought recommande chaudement aux chères têtes blondes de ne jamais oublier le passeport de leur nounours s'ils l'emmènent en voyage. Mais il ne s'agit pas non plus d'oublier le leur. Afin de lutter contre les rapts d'enfants par les parents déchus de leur droit de garde, les Nations unies ont officiellement demandé aux gouvernements de rendre le passeport obligatoire dès le plus jeune âge. C'est déjà chose faite au Japon, en Grande-Bretagne et en Australie.

A pair of new leather shoes,
preferably Italian, is one of the 10 gifts
that a Malaysian bride is expected to
give her new husband when they start
married life together. He gives her a
dress, jewelry and a handbag, and care-
fully arranges each of them on a tray.

Une paire de chaussures neuves en cuir,
de préférence fabriquées en Italie. C'est là l'un
des 10 présents qu'une jeune mariée malaise
doit à son mari lorsqu'ils entament tous deux
leur vie conjugale. Quant à l'époux, il offre à sa
femme une robe, des bijoux et un sac à main,
qu'il présente avec grand soin sur un plateau.

Toaster In the USA and the UK, toasters are such popular gifts at weddings that it's not unusual for couples to be given several of them by accident. Designed to grill bread for breakfast, a toaster is a handy cooking device, but brides beware: A study by the Association of Home Appliance Manufacturers revealed that women use toasters almost twice as often as men.

Grille-pain Aux Etats-Unis et en Grande-Bretagne, il est tellement courant d'offrir des grille-pain en cadeau de noces que les jeunes mariés en reçoivent souvent plusieurs – par erreur. Conçu pour griller le pain au petit déjeuner, voilà certes un appareil fort pratique, mais que les ménagères novices restent vigilantes : selon une étude de l'Association des fabricants d'articles ménagers, ces dames s'en serviraient presque deux fois plus que les messieurs.

Coffin Every week, 500 people die of AIDS in Zimbabwe, creating a healthy coffin industry. But because coffin delivery is expensive, Down to Earth Eco-Coffins invented a collapsible model that can be carried on the bus: It folds into a bag that can be slung over your shoulder. The shroud (included) comes in black, white or a colorful print.

Cercueil Chaque semaine, au Zimbabwe, 500 personnes meurent du sida, contribuant ainsi à faire prospérer l'industrie du cercueil. La livraison des bières restant toutefois une prestation de service onéreuse, la société Down to Earth Eco-Coffins a mis au point un modèle pliant, transportable en autobus. Il se range dans un sac que vous pourrez jeter négligemment sur votre épaule. Quant au linceul (inclus sans supplément), il existe en noir, blanc ou imprimé fantaisie.

Airbag vest Be careful about who you sit next to on the Tokyo subway. Airborne germs (including microbes that cause flu and tuberculosis) hop easily from one human host to another in the crowded cars. Some of these commuting microbes are deadly: Tuberculosis, which killed three million people worldwide in 1997, is significantly more prevalent in Japan (where 11.5 persons per 100,000 are infectious) than in the USA (3 per 100,000) and other developed countries. This Italian-made airbag vest, the latest in motorcycle safety gear, will put a little space between you and your neighbors. Simply pull the "safety strip" (the part that's supposed to attach to your motorbike), and a small gas canister inflates the vest in three-tenths of a second.

Prudence! Usagers du métro à Tokyo, ne vous asseyez pas à côté de n'importe qui. Dans les rames bondées, de hideuses bactéries en suspension dans l'air – du virus de la grippe au bacille de Koch – sautent sans retenue d'un passager à l'autre. Ces microbes ambulants sont parfois mortels. Ainsi, la tuberculose, qui tua trois millions de personnes à travers le monde en 1997, s'avère nettement plus répandue au Japon (où l'on recense 11,5 cas d'infection pour chaque tranche de 100 000 habitants) qu'aux Etats-Unis (où ce taux se limite à 3 pour 100 000) ou dans les autres pays développés. Ce gilet-airbag de fabrication italienne, dernier cri en matière de sécurité moto, installera un espace sanitaire entre vous et vos voisins. Il vous suffit de tirer sur la « bande de sécurité » (celle que vous êtes censé fixer à votre moto) pour qu'une petite bombe à air gonfle le gilet. Trois dixièmes de seconde à peine et le tour est joué.

Wipe your feet on this lion doormat made by inmates at the Manyani prison on the coast of Kenya. Long-term prisoners are trained in crafts, making useful goods that are sold at the Annual Nairobi Show. Upon their release, they are officially certified to work in the trade they've been trained in. Buy the mat or other household items like beds and shelves from the Prison Industry Showroom in Kenya.

Essuyez vos pieds sur ce paillasson « lion » fabriqué par les détenus de la prison de Manyani, sur la côte kenyane. Les prisonniers purgeant de longues peines sont formés à diverses techniques artisanales et fabriquent des objets d'utilité courante, qui sont ensuite vendus à la foire-exposition annuelle de Nairobi. A leur libération, ils se voient attribuer un certificat officiel les habilitant à travailler dans le domaine de leur formation. Quitte à acheter ce paillasson, équipez aussi votre intérieur (les détenus fabriquent également des lits et des étagères) en visitant le Prison Industry Showroom (salle d'exposition des manufactures carcérales) au Kenya.

It takes 250g of dog hair
to knit a scarf. Norwegian Grethe
Sekse makes caps, mittens and socks
from yarn spun from the hair of her
four Saint Bernard dogs. She'll spin the
hair of your dog for NOK250 (US$40).
Grethe recommends brushing your
dog once a week (each brushing
should yield about 20g) and then keep-
ing the hair in a paper bag until you've
got enough for the item you desire.

Il faut 250 g de poils de chien pour tricoter
une écharpe. La Norvégienne Grethe Sekse
confectionne ainsi bonnets, mitaines et chaus-
settes en utilisant le poil de ses quatre saint-ber-
nard. Elle se fera un plaisir de filer celui de votre
toutou, moyennant 250 KNO (40 $ US). Grethe
recommande de brosser votre chien une fois
par semaine (il devrait perdre environ 20 g de
poil par brossage), et de conserver votre récolte
dans un sac en papier jusqu'à obtention de la
quantité nécessaire pour l'article choisi.

Live on as the plat du jour A circus lion in Los Angeles, USA, is about to jump through a flaming ring. Suddenly he loses his balance, falls backwards off a big red ball and breaks his hip in seven places. Its star performer injured beyond repair, the circus calls Polarica Inc., an exotic meats distributor in New York City, USA. Polarica president Al Nyaiesh buys the injured lion and has it slaughtered and packaged. At US$24/kg, Polarica sells the meat to a local restaurant that features lion stew on its deluxe safari-theme menu.

Devenez plat du jour Un lion de cirque de Los Angeles, aux Etats-Unis, s'apprête à sauter à travers un cerceau enflammé. Soudain, il perd l'équilibre, bascule en arrière, culbute sur un gros ballon de plastique rouge et se fracture la hanche en sept points. Le cirque, dont la vedette est mortellement blessée, téléphone à Polarica Inc., un distributeur de viandes exotiques installé à New York. Al Nyaiesh, président de la société, achète le lion blessé, puis le fait abattre et conditionner. Polarica vendra sa viande au prix de 24 $US le kilo à un restaurant local qui propose du ragoût de lion sur son menu à thème « Safari » – très chic.

Flies are a nuisance even when caught. Thanks to the six million or so bacteria they carry on their feet, they can transmit a variety of human diseases, including typhoid, TB and cholera. Flies have no nose, but—thanks to sensors built into their antennae—they do have a highly acute sense of smell. By constantly wiggling their antennae, they can pick up scents from hundreds of meters away. According to one US study, five persistent flies can cause a cow to lose a quarter of a kilogram a day—just in energy spent shooing the flies away. They've been developing their flying technique for 80 million years. Unlike human-built airplanes, they can change direction in mid-air, fly backwards and land upside-down on ceilings. Try one of these (from left): fly whisk from Kenya, made with a wildebeest tail; plastic "Shoe-Fly" swatter with flip-flop sandal from the USA; stainless steel fly whisk from Denmark (formerly on sale at New York's Museum of Modern Art); floral-patterned sticky fly paper from South Korea.

Les mouches restent nuisibles même une fois capturées. Porteuses de quelque 6 millions de bactéries, qu'elles véhiculent sur leurs pattes, elles peuvent transmettre à l'homme quantité de maladies, dont la typhoïde, la tuberculose et le choléra. Dépourvues de nez, elles sont néanmoins dotées d'un sens olfactif très fin, grâce aux capteurs situés dans leurs antennes. Voilà qui explique pourquoi elles agitent celles-ci en permanence : elles parviennent ainsi à percevoir des odeurs à plusieurs centaines de mètres de distance. D'après une étude américaine, cinq mouches tenaces peuvent faire perdre à une vache 250 g par jour – uniquement par l'énergie qu'elle déploiera à les chasser. Quant à leurs techniques de vol, elles les peaufinent depuis quatre-vingt millions d'années. Contrairement aux avions conçus par l'homme, elles peuvent changer de direction à volonté, voler à reculons et atterrir au plafond, la tête en bas. Bardez-vous d'armes anti-mouches, vous n'avez que l'embarras du choix : plumeau chasse-mouche kenyan, fabriqué avec une queue de gnou ; tapette-chaussure américaine en plastique, avec tong ; plumeau danois en acier inoxydable (autrefois en vente au musée d'Art moderne de New York) ; papier tue-mouches à motif floral, en provenance de Corée.

Roadkill US highways kill six times more deer each year than hunters do. In the UK, some 100,000 rabbits, 100,000 hedgehogs, 47,000 badgers and 5,000 barn owls become road casualties annually, and an estimated 30 percent of the amphibian population (including over a million toads) is flattened. If you want to save some lives, consider using the Animal Warning Device. Once your speedometer hits 45kmph, the device emits two high frequency sounds that warn animals that they are in your path. Put it at the front of your car to give animals enough time to get off the road.

Tire
Without the cow, the transport industry might grind to a halt. Acids extracted from cow fat are used in tires (to coat the rubber), asphalt (as a binder) and car upholstery. Because cows are widely available—265 million were slaughtered in 1996—animal fats can cost as little as US$0.06 a pound, which is much cheaper than petroleum, the most viable alternative.

Accidents de la route Les autoroutes américaines tuent six fois plus de cerfs par an que les chasseurs. Au Royaume-Uni, quelque 100 000 lapins, 100 000 hérissons, 47 000 blaireaux et 5 000 effraies finissent chaque année sous les roues des voitures et, d'après les estimations, 30 % de la population amphibie (dont plus d'un million de crapauds) finirait aplatie sur l'asphalte. Vous aspirez à sauver quelques vies? Adoptez cette alarme pour animaux. Dès que vous atteindrez 45 km/h au compteur, l'appareil émettra deux signaux sonores à haute fréquence pour avertir les animaux que vous arrivez droit sur eux. Placez-le à l'avant de votre véhicule, pour leur laisser le temps de dégager la voie.

Pneu Sans la vache, l'industrie du transport pourrait être immobilisée. Les acides extraits de la graisse bovine sont utilisés dans la fabrication de pneumatiques (pour enduire le caoutchouc), de bitume (comme liant) et de revêtements intérieurs pour automobiles. L'animal n'étant pas une denrée rare – on en a abattu 265 millions en 1996 – sa graisse ne coûte que 0,06 $US la livre, bien moins cher, donc, que le pétrole, produit de substitution le plus viable.

COBBS
Airflow Activated

MADE
IN
AMERICA

MADE IN
AMERICA

DEER WARNING

**For Deer On The Highway
Or Animals On City Streets**

• Snaps Apart
• Removes From Base
  ...For Easy Cleaning

CERTIFIED
ETL
TESTING
LAB
PERFORMANCE

Taste enhancer "If it tastes too strong, it's been dead too long," warn the makers of Roadkill BAR-B-Q sauce. Designed to enhance the flavor of all those dead animals you find by the side of the road, the sauce even brings out the flavor of skunk.

Agent de saveur « Si le goût est trop fort, c'est que la bête est morte depuis trop longtemps », avertissent les fabricants de la Roadkill BAR-B-Q Sauce (sauce barbecue pour animaux écrasés). Conçue pour agrémenter les viandes d'animaux morts trouvés au bord des routes, cette sauce agit comme un révélateur de goût, et peut même rehausser la saveur de la mouffette.

A jackhammer pistol punches a hole through the cranium of a 6-month-old calf. A metal rod is rammed into the hole and forced through the calf's brain and spinal column, stopping its kicking. A chain winches the calf to the ceiling, where its throat is slit. Still beating, the heart helps flush blood from the body. Head, hooves and hide removed, the carcass is trucked to wholesalers and the fat to processing plants (where it becomes lipstick and shaving cream). The skin is boiled in water, leaving a residue that is filtered, dried and ground into powdered gelatin. At the Atlantic Gelatin company near Boston, USA, the powder is mixed with sugar, adipic acid, fumaric acid, disodium phosphate, sodium citrate, red dye number 40 and artificial flavoring—and called Jell-O®. Two million boxes of the dessert are sold every day worldwide. Prepared and properly stored in the fridge, Jell-O® stays fresh for up to three days.

Un pistolet pneumatique perfore pour commencer le crâne du petit veau, âgé de six mois. Un tube métallique, aussitôt introduit par l'orifice, transperce le cerveau et la moelle épinière pour faire cesser les ruades. Puis l'animal est treuillé jusqu'au plafond où on le suspend tête en bas, afin de lui trancher la gorge. Les battements du cœur, qui palpite encore, facilitent l'expulsion du sang hors du corps. Une fois les sabots enlevés, une fois la bête décapitée et écorchée, la carcasse est expédiée par camion jusqu'aux chambres froides des grossistes. La graisse finira dans des usines où elle sera transformée en rouge à lèvres et en mousse à raser. La peau, mise à bouillir, laisse dans l'eau un résidu, à son tour filtré, séché et moulu en poudre de gélatine. Chez Atlantic Gelatin, près de Boston, aux Etats-Unis, ladite poudre est additionnée de sucre, d'acide adipique, d'acide fumarique, de phosphate de sodium, de citrate de sodium et d'arômes artificiels, puis colorée à la teinture rouge n° 40 – et la voilà devenue Jell-O®. Deux millions de boîtes de ce dessert sont vendues journellement dans le monde. Après préparation, Jell-O® se conserve trois jours au réfrigérateur.

Nyami-nyami is the Zambezi river god in Zambia. He lives in a snake with the head of various animals—the horse is the most popular. It's believed that wearing a pendant keeps the spirit of the god with you and protects you from river hazards (such as capsizing, or attacks by hippos and crocodiles).

Nyami-nyami est le dieu du fleuve Zambèze, en Zambie. Il vit dans un serpent à tête d'animaux divers (la plus courante est celle du cheval). Si vous le portez en pendentif, vous dira-t-on, vous restez en contact avec son esprit, qui vous protègera des dangers de la rivière (tels les naufrages et les assauts d'hippopotames ou de crocodiles).

Elephants bring good luck.
But an adult elephant eats 200kg of fruit and vegetables a day, so it's a costly charm. A cheaper alternative is this Turkish amulet, which sports an elephant and an eye in a heart (to protect against evil).

L'éléphant est un porte-bonheur qui revient cher, si l'on pense qu'un pachyderme adulte mange 200 kg de fruits et de végétaux par jour. Ne vous ruinez pas : portez plutôt ce talisman turc orné d'un éléphant et d'un œil à l'intérieur d'un cœur (afin, précisément, de protéger du mauvais œil).

Make animal fat soap. Buy some fat from your local butcher, boil it in water, skim off the fat and mix it with silicates and perfumes of your choice. Pour the mixture into wooden boxes, let it set and then cut into bars. Vegetarians can wash with olive oil soap. Savon de Marseille, or Marseille soap, contains 72 percent olive oil. It has no coloring agents and it is recommended by many dermatologists and pediatricians for its antibacterial and hypoallergenic qualities.

Fabriquez du savon à la graisse animale.
Pour ce faire, achetez un bloc de saindoux chez votre boucher, faites-le bouillir, écumez la graisse et additionnez-la de silicates et de parfums à votre convenance. Placez le mélange dans des boîtes en bois, laissez durcir, puis couper en pains de savon. Végétariens effarouchés, vous avez un recours : lavez-vous avec un savon à base d'huile d'olive. Le savon de Marseille en contient 72 %. Sans colorants, il est recommandé par nombre de dermatologues et de pédiatres pour ses qualités antibactériennes et hypoallergiques.

Pets Thirsty Dog! is veterinarian-recommended and enriched with vitamins and minerals to keep your dog healthy. It substitutes tap water or is poured over food. No need to refrigerate. Also available: Fish-flavored Thirsty Cat!

Recommandée par les vétérinaires, enrichie en vitamines et en sels minéraux, Thirsty Dog ! (toutou a soif) est la boisson des chiens en forme. Elle remplace l'eau du robinet ou s'ajoute à la pâtée, et se préserve à température ambiante. Egalement disponible : Thirsty Cat ! goût poisson.

Dog wheelchair "Tippy has had no trouble coping with his cart. He takes corners with one wheel," reads a letter quoted in the K-9 Cart Company brochure. Tippy is paralyzed, and a K-9 Cart has changed his life. With his hind limbs supported, he can run around like other dogs and not feel left out of games in the park. This simple device has also restored mobility to paralytic cats, rabbits, sheep and goats. Wheels should be oiled once a week. Replacement parts are available.

Fauteuil roulant pour chien « Tippy n'a pas eu de problème pour s'adapter à son chariot. Il prend les virages sur une roue », témoigne une lettre citée dans la brochure du fabricant de chariots K-9. Tippy est paralysé, et son chariot K-9 a changé sa vie. Ses membres postérieurs se trouvant ainsi soutenus, il peut gambader comme les autres chiens et ne se sent pas exclu des jeux dans le parc. Cet équipement très simple a également rendu leur mobilité à des chats, des lapins, des moutons et des chèvres paralysés. Les roues doivent être graissées une fois par semaine. En cas de problème mécanique, des pièces de rechange sont disponibles.

Antifreeze for cars tastes sweet and may be used by animals to quench their thirst. Unfortunately, it can cause kidney failure. Don't let your animal get too thirsty during hikes, walks or long car rides. Take along the "Lap" of Luxury Traveling Pet Water Fountain and Sports bottle. The portable unit is easy to assemble.

Les antigels auto ont un goût sucré, et les animaux les lapent volontiers pour se désaltérer. Malheureusement, ils provoquent des insuffisances rénales. Ne laissez pas votre chien se déshydrater lors de vos randonnées, promenades et autres longs voyages en voiture. Emportez ce « lapeur » de luxe, fontaine à eau de voyage pour animal accompagné de sa gourde. Il s'agit d'un kit portatif, très facile à assembler.

MUSIC FOR HEALTHY PETS
CRCI-20065

愛犬
の為のストレス解消音楽
動物を愛する人と、ペットの為の精神栄養音楽

Stressed pets can now unwind with Music for Healthy Pets. "Cheerful but serene music is good for dogs and romantic music is good for cats," says Japanese veterinarian Norio Aoki.

Les animaux stressés peuvent désormais se détendre en écoutant ce CD intitulé *Music for Healthy Pets* (musique pour animaux de compagnie en bonne santé). «Un air joyeux mais serein fait le plus grand bien aux chiens ; pour les chats, une mélopée romantique convient mieux», indique le vétérinaire Norio Aoki.

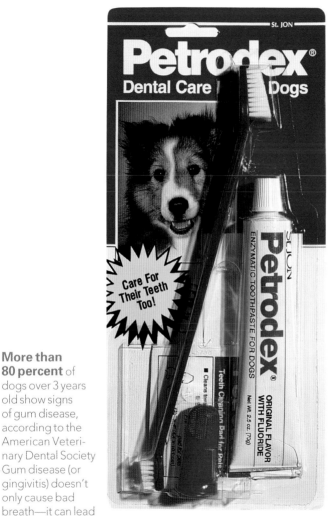

More than 80 percent of dogs over 3 years old show signs of gum disease, according to the American Veterinary Dental Society Gum disease (or gingivitis) doesn't only cause bad breath—it can lead to tooth loss and perhaps even heart disease. Use Petrodex Dental Care Kit for Dogs to protect your canine friend. It comes complete with toothbrush, Original Flavor toothpaste with flouride, teeth cleaning pads and a finger brush.

Plus de 80 % des chiens présentent après 3 ans des signes d'infection gingivale ou gingivite, selon les statistiques de la Société américaine d'odontologie vétérinaire. Un mal à ne pas prendre à la légère : non seulement il charge l'haleine, mais il peut entraîner des chutes de dents, voire des troubles cardiaques. Allons, c'est votre meilleur ami – protégez ses gencives en utilisant le kit d'hygiène dentaire pour chiens Petrodex, vendu prêt à l'emploi, avec sa brosse à dents, son dentifrice fluoré au goût spécialement étudié (exigez le Original Flavor), ses tampons lave-dents et sa brosse à doigts.

Life is better with a furry friend. Pets give love, regardless of age, gender or sexual orientation. The Delta Society, USA, a pioneer in animal-assisted therapy, provides pets and their owners with training and certification for visits to nursing homes and hospitals. "I think this is good for people who need change and comfort," says Francie Jonson of Coquille, Oregon, who escorts a llama named Elizabeth Abiding Joy (Lizzie). "Llamas have big soft eyes that just look at you and say, 'I'm right here if you need me.' They're warm and fuzzy; people love that." But pets don't just offer unconditional affection or a reason to get out of bed in the morning. Research shows that being with them reduces your heart rate, blood pressure, and even cholesterol levels. At nursing home facilities in New York, Missouri and Texas, mortality rates went down by 25 percent within two years after animals were introduced, and medication costs dropped nearly US$3 per patient per day.

La vie est plus belle avec un ami poilu. Les animaux de compagnie aiment sans discrimination d'âge, de sexe ou de sexualité. Basée aux USA et pionnière dans le domaine de la zoothérapie, l'association Delta procure aux animaux et à leurs maîtres la formation et les permis nécessaires pour effectuer des visites aux malades dans les hôpitaux. « La présence d'un animal fait beaucoup de bien à tous ceux qui ont besoin de nouveauté, de réconfort, assure Francie Jonson, de Coquille (Oregon), qui escorte pour sa part un lama nommé Elizabeth Joie Eternelle – Lizzie pour les intimes. Les lamas ont de grands yeux doux, qui vous disent 'Si tu as besoin de moi, je suis là'. Ils sont tout chauds, tout poilus, les gens adorent ça. » Cependant, les animaux font bien plus que vous aimer ou vous fournir une raison de sortir du lit le matin. Des recherches ont prouvé leur effet salutaire sur le rythme cardiaque, la tension artérielle, voire le taux de cholestérol. Deux ans après l'introduction d'animaux dans les maisons de santé de l'Etat de New York, du Missouri et du Texas, les taux de mortalité ont chuté de 25 %, et les frais médicaux ont été réduits de 3 $US par patient et par jour.

Ants The combined weight of all the ants in Africa is more than that of all the continent's elephants. Worker ants are sterile females who work for their queen. See them toiling in your own ant farm. But since it's illegal to ship queen ants, resign yourself to seeing the colony die off after three months or so.

Fourmis Additionnez le poids de toutes les fourmis africaines : il dépassera celui de tous les éléphants du continent. Chez les fourmis, les ouvrières sont des femelles stériles affectées au service de leur reine. Observez ces tâcheronnes chez vous, en constituant votre propre foumilière. Sachez néanmoins que le transport des reines est strictement prohibé : attendez-vous donc à voir s'éteindre votre colonie après trois mois environ.

Charcoal does wonders for your teeth, say the manufacturers of India's Monkey Brand Black Tooth Powder. Despite its sooty color, charcoal powder "acts as bleach on tooth enamel, actually whitening the teeth." Add to the charcoal such local herbs as thymol, camphor, eucalyptus and clove, and you have "one of the best home remedies for toothache and bleeding gums."

Wood This is a very special tooth-brush, says Dr. Alberto Bissaro of the Piave toothbrush company in Italy. "Its handle is made of Italian maple wood. And no protected trees were cut down to make it." Instead, Piave uses discarded cuttings from the local furniture industry.

Le charbon de bois fait merveille en usage dentaire, clame le fabricant de Monkey Brand, poudre dentifrice noire indienne. Malgré sa couleur de suie, la poudre de charbon de bois «a une action décolorante sur l'émail et blanchit votre dentition très perceptiblement». Ajoutez quelques herbes locales – thym, camphre, eucalyptus et clou de girofle – et vous obtenez «un des remèdes maison les plus efficaces contre les rages de dents et les gingivites».

Bois Voilà un modèle très spécial, assure le Dr Alberto Bissaro, qui œuvre pour le fabricant de brosses à dents italien Piave. «Son manche est en érable d'Italie, et aucun arbre protégé n'a été abattu pour la fabriquer.» Chez Piave, on préfère utiliser les chutes de bois fournies par les entreprises de menuiserie locales.

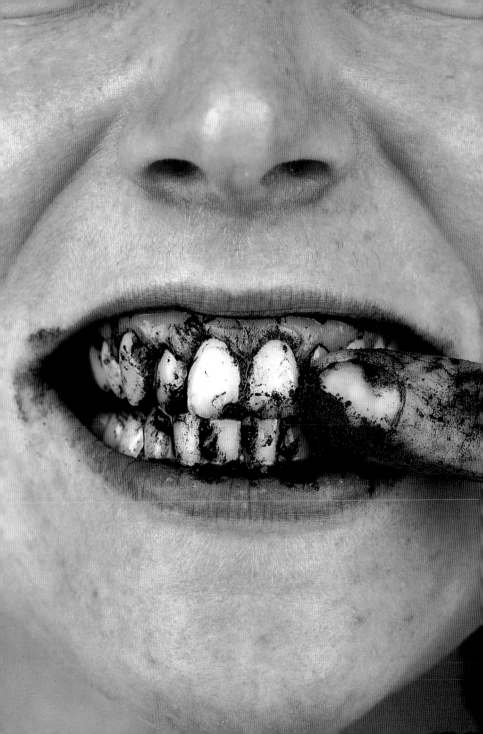

Toothbrushing twigs promote excellent dental hygiene. Scientists say twigs such as this *mushwagi* from Kenya contain powerful oils and abrasives (including silicon) that wear away stains. Simply gnaw on one end and use the resulting soft fibers as a brush.

La branchette-brosse à dents garantit une excellente hygiène dentaire. Les spécialistes le confirment: certaines plantes, tel ce rameau de *mushwagi* du Kenya, contiennent des huiles essentielles très agissantes et des abrasifs (dont la silice) qui suppriment les taches. Il suffit de ronger l'une des extrémités et d'utiliser le doux plumeau de fibres écrasées ainsi obtenu comme brosse à dents.

Stripes With annual international sales of US$486 million, Aquafresh ranks among the three best-selling toothpastes in all 65 countries where it's sold. Why is it so popular? Perhaps because Aquafresh sponsors the world's only professional car-racing dentist, Dr. Jack Miller. Or maybe it's the bubble gum-flavored Aquafresh toothpaste for kids. Or maybe it's their toll-free number for free dental advice. But probably it's just the stripes.

Rayures Avec un chiffre de ventes annuel atteignant les 486 millions de dollars US, Aquafresh se classe parmi les trois marques de dentifrice les plus achetées dans les 65 pays où elle est commercialisée. Pourquoi un tel succès ? Peut-être parce qu'Aquafresh sponsorise le Dr Jack Miller, seul dentiste pilote de course professionnel dans le monde ? Ou bien grâce au nouveau parfum chewing-gum d'Aquafresh pour enfants ? Ou au numéro vert de la marque, un service-conseil dentaire gratuit ? Mais peut-être est-ce juste une question de rayures...

Halitosis (bad breath) kills status in Japan—and also the interest of your date. The Fresh Kiss portable halitosis meter measures exactly how bad your breath smells and offers advice on how to remedy the situation. Simply breathe into the meter. Three hearts on the display means you are clean— a black heart means trouble.

Une mauvaise haleine serait fatale à votre image au Japon (et ruinerait vos espoirs amoureux). Fresh Kiss, détecteur portable d'haleines fétides, mesurera la gravité de votre cas et vous indiquera comment y remédier. Soufflez dans l'appareil. Trois cœurs s'affichent? Vous êtes irréprochable. Un cœur noir? Agissez!

Scraper Seventy-five percent of bad breath odor is caused by bacteria living on the tongue. Scrape them away with the Tidy Tongue, a plastic device that the manufacturers promise will leave you with "a healthier mouth and fresher breath"—as long as you scrape daily.

Grattoir Dans 75 % des cas, une haleine fétide est imputable à des bactéries qui prolifèrent sur la langue. Faites place nette en récurant la vôtre avec Tidy Tongue (langue propre), un instrument en plastique qui vous assurera, ses fabricants le garantissent, « une bouche plus saine et une haleine plus fraîche » – à condition de l'utiliser quotidiennement.

Battered doll "Physical and psychological abuse is a serious problem in Spain," explains Natividad Cerrato of the children's rights group Prodeni. This Spanish-made doll doesn't help matters. "We consulted several psychologists and they told us that children who play with this doll will see it as normal," continues José Luis Calvo, Prodeni's president. "They get used to holding it, find it cute, and this desensitizes them: If they see a battered child, they won't find it alarming." A Prodeni-led campaign to ban the doll was a failure. And anyway, says Miguel Rodríguez, manager of Ferre Fuster, the doll's Alicante-based manufacturer, "Who says it's a mistreated child and not one that has fallen down some stairs?"

Poupée battue « La violence physique et psychologique est un problème sérieux en Espagne », explique Natividad Cerrato, membre de Prodeni, une association de défense des droits de l'enfant. Cette poupée de fabrication espagnole n'arrange certes pas les choses. « Nous avons consulté plusieurs psychologues, et tous étaient du même avis : en jouant avec cette poupée, les enfants finiront par la considérer comme normale, poursuit le président de Prodeni, José Luis Calvo. Ils prendront l'habitude de l'avoir avec eux et la trouveront toute mignonne. Cela ne peut que les désensibiliser. Lorsqu'ils verront un enfant martyrisé, ça ne les inquiètera pas. » La campagne menée par Prodeni pour faire interdire la poupée s'est soldée par un échec. De toute façon, commente Miguel Rodríguez, manager de Ferre Fuster (l'entreprise d'Alicante qui fabrique la poupée), « Qui a dit que c'était un enfant battu, et non un enfant tombé dans les escaliers ? »

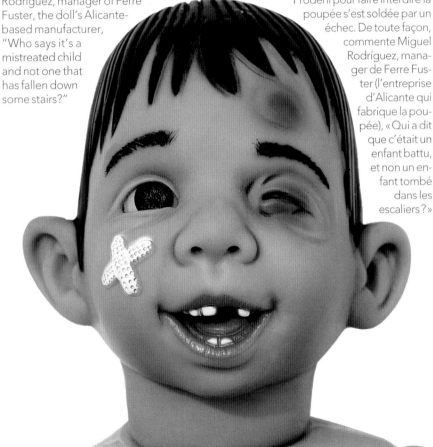

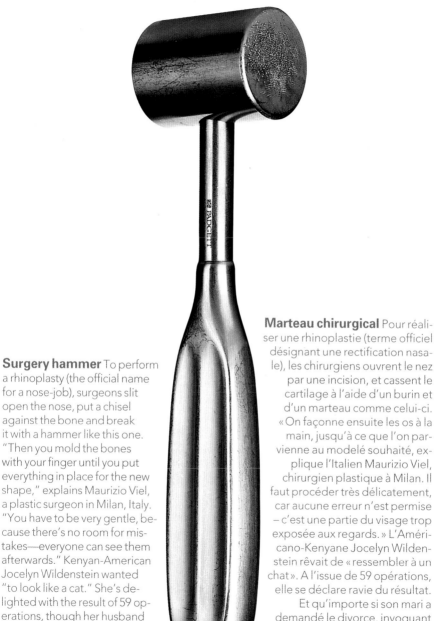

Surgery hammer To perform a rhinoplasty (the official name for a nose-job), surgeons slit open the nose, put a chisel against the bone and break it with a hammer like this one. "Then you mold the bones with your finger until you put everything in place for the new shape," explains Maurizio Viel, a plastic surgeon in Milan, Italy. "You have to be very gentle, because there's no room for mistakes—everyone can see them afterwards." Kenyan-American Jocelyn Wildenstein wanted "to look like a cat." She's delighted with the result of 59 operations, though her husband is divorcing her because of "her bizarre psychological proclivity to have continuing plastic surgery."

Marteau chirurgical Pour réaliser une rhinoplastie (terme officiel désignant une rectification nasale), les chirurgiens ouvrent le nez par une incision, et cassent le cartilage à l'aide d'un burin et d'un marteau comme celui-ci. « On façonne ensuite les os à la main, jusqu'à ce que l'on parvienne au modelé souhaité, explique l'Italien Maurizio Viel, chirurgien plastique à Milan. Il faut procéder très délicatement, car aucune erreur n'est permise – c'est une partie du visage trop exposée aux regards. » L'Américano-Kenyane Jocelyn Wildenstein rêvait de « ressembler à un chat ». A l'issue de 59 opérations, elle se déclare ravie du résultat. Et qu'importe si son mari a demandé le divorce, invoquant « son étrange propension psychologique à multiplier les recours à la chirurgie plastique ».

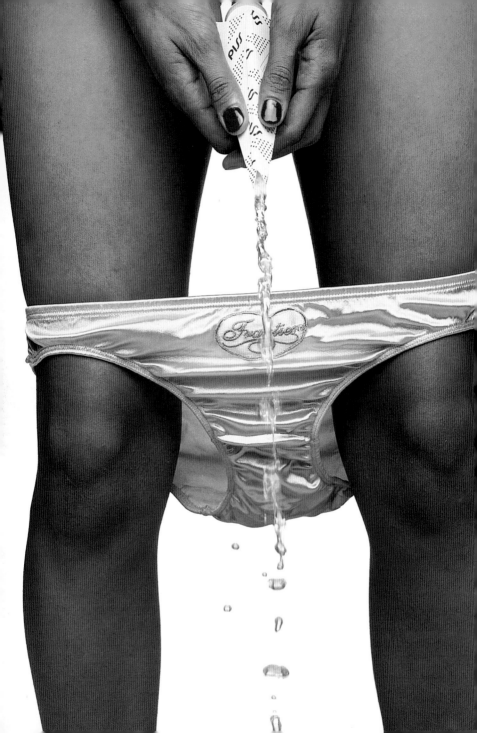

Urination funnel Now women can do it standing up with this simple paper cone. Sold in pharmacies and perfume stores throughout Venezuela, El Piss caters to women who are scared of contracting venereal diseases from dirty toilet seats. "Women love to use the cone," a Piss spokeswoman assured us, "especially those who work in the street and have to use public rest rooms." Aixa Sánchez is a satisfied Piss customer in Caracas. "It's easy to use," she says. "You just squeeze the cone to open it, push it up against your body and let fly. It feels a little strange at first, but it's fun." According to the spokeswoman, it's more than fun—it's a revolution: "A whole tradition is being overturned," she told us. "Our goal is to keep women everywhere from squatting down."

Entonnoir-urinoir La femme actuelle peut enfin uriner debout, grâce à ce simple cône en papier. Vendu en pharmacie et en parfumerie à travers tout le Venezuela, El Piss comblera toutes celles qui redoutent les germes vénériens sournoisement tapis sur les sièges W.C. crasseux. «Les femmes adorent utiliser notre cône, nous a affirmé la porte-parole de la société productrice, surtout celles qui travaillent dans la rue et doivent utiliser les toilettes publiques.» Aixa Sánchez est une cliente satisfaite de Caracas. «C'est facile à utiliser, assure-t-elle. Vous appuyez sur le cône pour l'ouvrir, vous vous le placez dans l'entrejambes, et vous ouvrez les vannes. Ça fait un peu drôle au début, mais c'est amusant.» C'est plus qu'amusant, renchérit la porte-parole susmentionnée: c'est une révolution – «le renversement de toute une tradition. Notre but est de faire en sorte que jamais plus les femmes n'aient besoin de s'accroupir.»

Urea (a derivative of urine) increases the ability of hardened skin tissue to absorb and retain moisture. Horse oil (from a horse's mane, tail and subcutaneous fat) is rich in linoleic acid and a powerful moisturizer. One cream contains both: Rub it on your elbows, knees, ankles, heels or wherever you have corns. Ideal for dishpan hands and chapped skin.

L'urée (dérivé de l'urine) aide l'épiderme desséché à absorber l'eau et à la fixer. Riche en acide linoléique, l'huile de cheval (extraite de sa crinière, de sa queue et de sa graisse souscutanée) est elle aussi un hydratant efficace. Or, voici une crème qui contient les deux: appliquez-la sur les coudes, les genoux, les chevilles, les talons ou toute autre partie calleuse du corps. Idéale pour la peau gercée et les mains abîmées par les vaisselles.

Sit Most toilets in India are squat toilets (a hole in the ground that you squat over). If you have a bad back or you're ill, you may not be able to squat. Buy a toilet seat stand to place over the hole for your use—it can easily be removed afterward so others in your family aren't forced to adapt to your new toilet habits.

Electric tablet If you have any qualms about picking through your own excrement, the Kremlin Tablet is not for you. So named because it was the favorite medicine of former Soviet president Leonid Brezhnev, the tablet is composed of two electrodes, a microprocessor and a handy battery checker. We're not too clear on the details (nor, for that matter, is the instruction manual), but the Kremlin Tablet seems to work something like this: Once swallowed, it settles in your digestive tract and starts emitting electrical impulses that cause your digestive muscles to contract. These contractions force "non-functioning areas" of the intestines to expel waste matter, leaving you with cleaner, healthier insides. The tablet's manufacturer, Komponent, also suggests inserting its product directly into the anus to alleviate chronic constipation. Either way, the pill passes naturally out of your system. The tablet can be used again and again. And that's where the part about the excrement comes in.

Asseyez-vous Le sous-continent indien ne connaît pratiquement que les W.C. « à la turque » (un trou ménagé dans le sol, au-dessus duquel il faut s'accroupir). Si vous souffrez du dos ou que vous êtes malade, c'est là une gymnastique qui pourrait vous devenir impossible. Offrez-vous ce siège toilette pliant, que vous placerez au-dessus du trou pour votre usage personnel – vous pourrez aisément le ranger ensuite, afin de ne pas forcer votre famille à s'aligner sur vos nouvelles mœurs excrétoires.

Pilule électrique Si l'idée de fouiller vos selles vous donne la nausée, la « pilule du Kremlin » n'est pas pour vous. Ainsi nommé parce qu'il fut le remède favori de l'ancien chef d'Etat soviétique Leonid Brejnev, ce comprimé se compose de deux électrodes, d'un microprocesseur et d'un dispositif de contrôle des batteries. Son mode de fonctionnement nous échappe dans ses détails – et la notice d'utilisation n'aide guère en la matière – mais tel semble en être le principe : une fois avalée, la pilule s'installe dans votre tube digestif et émet derechef des impulsions électriques, lesquelles provoquent des contractions des muscles viscéraux. Celles-ci obligent les « segments non-opérants » de l'intestin à évacuer les déchets, vous laissant ainsi la tripe purifiée et assainie. La firme Komponent, qui fabrique ce cachet, suggère également de l'introduire par voie rectale pour soulager la constipation chronique. De quelque extrémité qu'il vienne, il sera évacué par les voies naturelles. D'après notre correspondant à Moscou, la pilule du Kremlin est devenue l'un des traitements vedettes de la médecine parallèle, qui fait rage actuellement en Russie. Bien que son prix soit prohibitif, vous pourrez la réutiliser à volonté. D'où le problème de fouilles évoqué plus haut.

Training The average Western child is toilet trained at about age 2. In China and Tibet split pants help with toilet training. Children get their first pair when they learn to walk. Their urine and excrement run down their legs and make them aware of their bodily functions. Eventually they learn to squat while they excrete. And finally they learn to control their functions and squat in the right place. Easy.

Learn English while using the toilet. This toilet paper was created to help Japanese students of English utilize all their time in learning the language. There's a useful phrase on each sheet.

Apprentissage En moyenne, le petit Occidental achève son apprentissage de la propreté aux alentours de 2 ans. En Chine et au Tibet, les pantalons fendus aident les enfants à passer ce douloureux cap. Ils commencent à le porter dès leurs premiers pas. Ainsi, leur urine et leurs excréments leur coulent le long des jambes – rien de tel pour prendre conscience de ses fonctions métaboliques. Ils finiront par apprendre à s'accroupir durant l'excrétion, puis à contrôler leurs sphincters et à faire au bon endroit. Elémentaire.

Apprenez l'anglais aux W.-C. Ce papier toilette a été spécialement créé pour aider les anglicistes nippons à travailler leur langue sans pertes de temps inutiles. Chaque feuillet comporte un énoncé idiomatique utile.

Tapa is a cloth made from the bark of the mulberry tree. It is used as a shroud in Tongan funeral ceremonies, but is also popular as a wedding gift. To buy tapa, you will need to visit the Kingdom of Tonga.

Le *tapa* est une étoffe confectionnée à partir d'écorce de mûrier. Les Tonga en font des linceuls pour les funérailles, mais c'est aussi un cadeau de mariage fort apprécié. Pour acheter le vôtre, rendez-vous au royaume de Tonga.

METTAG Body tags are used throughout the world by emergency and disaster-relief services. The tags use a four-color code and easily comprehensible symbols—the red rabbit means the patient is critical, the stylized cross means dead. Just tear off the strips that don't apply.

Les étiquettes corporelles METTAG sont utilisées dans le monde entier par les services de secours en cas d'urgence ou de catastrophe naturelle. Elles utilisent un code à quatre couleurs et des symboles facilement compréhensibles. Ainsi, le lapin rouge signifie que le patient se trouve dans un état critique, la croix stylisée qu'il est mort. Il suffit d'arracher les bandes inutiles.

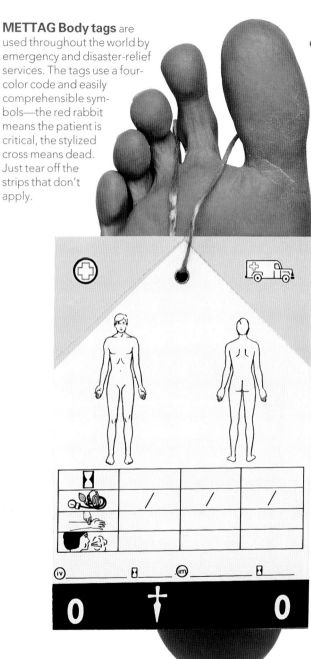

Air The Japanese company Daido Hokusan sells fresh air. Each portable can is stamped with the phrase, "A power plant that recharges human being," and contains about two minutes' worth of pure oxygen. Inhale 10 to 20 seconds' worth at a time for an energy boost at any time of the day (you can save the rest for later). Available in four flavors: natural, mild mint, super mint and green apple. For a city with a population of 12 million, the free air in Tokyo doesn't taste so bad. Levels of carbon monoxide (CO), sulfur dioxide (SO_2) and nitrogen oxides (NO) are relatively low. The worst air in the world can be sampled in Mexico City and Athens.

A tough piece of *chito*, dried donkey meat from Mexico, should keep your mouth occupied for half an hour. Have your chito powdered with hot chili: Mexicans, who eat some eight kilograms of chili per person per year, say it aids digestion, improves circulation and even relieves headaches.

Air La compagnie japonaise Daido Hokusan vend de l'air frais. Sur chaque canette portable, on peut lire la mention suivante : «Véritable centrale énergétique – recharge les batteries du corps humain.» Chacune contient environ deux minutes d'oxygène pur. Une inhalation de dix à vingt secondes, à tout moment de la journée, vous procurera un regain de tonus (vous pourrez garder le reste pour plus tard). Disponible en quatre parfums : nature, menthe douce, menthe forte et pomme verte. Pour une ville de 12 millions d'habitants, Tokyo n'a pourtant pas à se plaindre du goût de son air (libre). Les niveaux de monoxyde de carbone (CO), de dioxyde de soufre (SO2) et d'oxydes d'azote (NO) y restent relativement bas. Pour un échantillon de l'air le plus pollué du monde, allez plutôt faire un tour du côté de Mexico ou d'Athènes.

Un morceau de *chito* bien coriace

(il s'agit de viande d'âne séchée, une spécialité mexicaine) devrait vous occuper la bouche pendant une demi-heure. Et tant que vous y êtes, faites saupoudrer votre chito de piment fort. Les Mexicains, qui consomment 8 kg de piment par personne et par an, prétendent qu'il facilite la digestion, améliore la circulation et soulage même les migraines.

Packed with vitamins and other nutrients, the South American coca plant is the basic ingredient in this fiesta of health products from Bolivia's Coincoca company. Coca reportedly helps to lower blood pressure, kill tapeworms, ease heart and prostate problems, boost the effectiveness of prescription medicines and, claims Coincoca president Reynaldo Molina Salvatierra, it can even "hold off the onset of AIDS for several years." Coincoca's best-selling item is Cocaestet, a slimming agent that promises to metabolize carbohydrates, fats and uric acid. A dose of Coincoca's anti-cancer syrup promises to "inhibit tumor growth," while Coincoca's heart syrup "regulates the heart's rhythm." For venereal disease, Molina recommends Blood Tonic; to "improve sexual function," try Coca Syrup; and if you drink too much, a daily spoonful of Alcoholism Syrup, mixed with your beverage of choice, "makes those given to drinking reflect upon their addiction…generating a psychic and mental symbiosis which strengthens their character." But despite all the miracles Coincoca products supposedly perform, there's one thing they can't do: Get past customs officials. Since 1961 there has been an almost worldwide ban on the sale of coca products.

Regorgeant de vitamines et autres substances nutritives, la coca d'Amérique du Sud est l'ingrédient de base de ce festival de produits de soins proposés par la firme bolivienne Coincoca. On a en effet pu constater les multiples bienfaits de cette plante étonnante : elle contribue à juguler l'hypertension artérielle, tue le ver solitaire, soulage en cas de troubles cardiaques ou de prostatite, renforce l'action des médicaments, et peut même – soutient Reynaldo Molina Salvatierra, le président de Coincoca – « retarder de plusieurs années le développement du sida ». La compagnie réalise ses meilleures ventes sur le Cocaestet, un agent amincissant qui promet de favoriser la transformation des hydrates de carbone, des graisses et de l'acide urique. Quant aux sirop Coincoca, ils soignent tout : il en existe un contre le cancer, censé « arrêter la croissance des tumeurs », un autre pour le cœur, qui « régularise le rythme cardiaque ». Pour les maladies vénériennes, Molina recommande le Tonique sanguin ; pour « stimuler l'activité sexuelle », essayez le Sirop de coca. Enfin, si vous buvez trop, une cuillerée quotidienne de sirop antialcoolisme, mélangée à la boisson de votre choix, « induira celui qui s'adonne à l'alcool à réfléchir sur sa dépendance... en créant une symbiose entre psyché et mental qui fortifie le caractère ». Cependant, malgré tous les miracles prêtés aux produits Coincoca, il en est un qui reste hors de leur portée : franchir les douanes. Depuis 1961, il existe un interdit quasi-mondial sur la vente de produits à base de coca.

Protective wear Coated with reflective copper particles, these clothes are designed to block the electromagnetic radiation (EMR) that emanates wherever there's electricity. "We're the first generation to be bombarded by all these EMR emissions," says Bruce Olive, founder of Shieldworks, the US-based company that makes the apron and scarf seen here. "Nobody really knows what their medical impact will be over time." Swedish researchers at the Karolinska Institute found that children living 50m or less from major power lines are twice as likely to develop leukemia. A recent Boston University Medical School survey in the USA suggests that women who work near mainframe computers are 43 percent more likely to develop breast cancer.

Be ready in the event of a nuclear war. Stock up your bunker with potassium iodide tablets. The tablets are used as anti-radiation medicine for nuclear wars or meltdowns.

Tenues de protection Grâce à leur revêtement en particules de cuivre réfléchissantes, ce tablier et ce foulard arrêtent les radiations électromagnétiques (REM) produites par l'électricité. « Nous sommes la première génération à être bombardée par une telle quantité de REM, signale Bruce Olive, fondateur de Shieldworks, l'entreprise américaine qui produit les articles présentés ici. Personne ne connaît vraiment leur impact à long terme sur la santé. » Des chercheurs suédois de l'Institut Karolinska ont détecté un risque de leucémie multiplié par deux pour les enfants vivant à moins de 50 m de lignes à haute tension. Une enquête récente menée aux Etats-Unis par la faculté de médecine de l'université de Boston corrobore du reste ces inquiétants résultats : il semblerait en effet que, chez les femmes travaillant à proximité de gros ordinateurs ou de processeurs centraux, le risque de cancer du sein soit accru de 43 %.

Soyez fin prêt pour le prochain conflit atomique, en stockant dans votre bunker de l'iodure de potassium en pastilles. Il s'agit d'un médicament antiradiations, fort utile en cas de guerre nucléaire ou de fusion de réacteur.

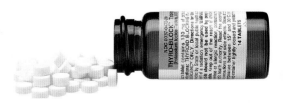

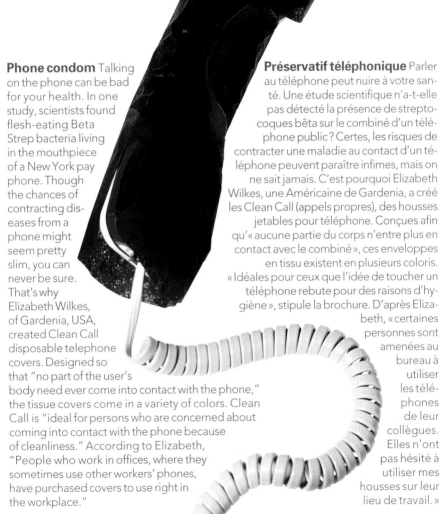

Phone condom Talking on the phone can be bad for your health. In one study, scientists found flesh-eating Beta Strep bacteria living in the mouthpiece of a New York pay phone. Though the chances of contracting diseases from a phone might seem pretty slim, you can never be sure. That's why Elizabeth Wilkes, of Gardenia, USA, created Clean Call disposable telephone covers. Designed so that "no part of the user's body need ever come into contact with the phone," the tissue covers come in a variety of colors. Clean Call is "ideal for persons who are concerned about coming into contact with the phone because of cleanliness." According to Elizabeth, "People who work in offices, where they sometimes use other workers' phones, have purchased covers to use right in the workplace."

Préservatif téléphonique Parler au téléphone peut nuire à votre santé. Une étude scientifique n'a-t-elle pas détecté la présence de streptocoques bêta sur le combiné d'un téléphone public? Certes, les risques de contracter une maladie au contact d'un téléphone peuvent paraître infimes, mais on ne sait jamais. C'est pourquoi Elizabeth Wilkes, une Américaine de Gardenia, a créé les Clean Call (appels propres), des housses jetables pour téléphone. Conçues afin qu'«aucune partie du corps n'entre plus en contact avec le combiné», ces enveloppes en tissu existent en plusieurs coloris. «Idéales pour ceux que l'idée de toucher un téléphone rebute pour des raisons d'hygiène», stipule la brochure. D'après Elizabeth, «certaines personnes sont amenées au bureau à utiliser les téléphones de leur collègues. Elles n'ont pas hésité à utiliser mes housses sur leur lieu de travail.»

By mail Condoms were at one time prohibited in England, so people used to have them sent from France by mail. That's how the condom came to be called the French letter.

Par la poste Les préservatifs furent long-temps proscrits en Angleterre. Aussi les gens s'arrangeaient-ils pour se les faire envoyer de France, par courrier. C'est pourquoi on en vint à désigner le préservatif à mots couverts, sous le nom de « lettre française ».

Dye Dip your finger in this purple dye, and it will be stained for at least 72 hours. Also available in red, green and "invisible" varieties, the dye is used to ensure fair elections by preventing people from voting twice. Election dye like this one, made by the British company De La Rue, has assisted the democratic process in India, Burundi and Rwanda, among other countries. It made one of its most recent appearances at the September 1996 elections in Bosnia. "If the voter has no right index finger," read the instructions posted in Bosnian polling stations, "the next available finger should be inked, following this sequence: thumb, finger three, four, five. If the voter has no right hand, use the same sequence on the %left. If the voter has no fingers, the ink requirement is waived." An invisible spray (right), is used in refugee camps to keep people from signing up twice for food ration cards. A blue light shows who has already received their rations. Refugee officials sometimes have to dip their finger in the non-toxic ink, then lick it, to combat rumors that it causes sterility and other health problems.

Electoral Stain (ES/A Purple)
100 ml
Contains Silver Nitrate, Tetrahydrofurfuryl alcohol

Instructions for use.
1 Ensure voter's finger is clean
and free from grease.

2. Insert finger of voter into
from centre hole to second knuckle.

3 Replace lid when not in use.

4. Shake jar periodically

Irritating to eyes.
Keep locked and out of reach
of children.

De La Rue Identity Systems Limited
De La Rue House
Basingstoke
United Kingdom, RG22 4BN
Tel: +44 1256 29122
Fax: +44 1256 605200

DeLaRue

Teinture Trempez votre doigt dans cette encre violette, et il restera taché durant au moins soixante-douze heures. Egalement disponible en rouge, vert et « sympathique », ce colorant est utilisé pour garantir la légalité des scrutins en empêchant les gens de voter deux fois. La teinture électorale (celle-ci est fabriquée par l'entreprise britannique De La Rue) a ainsi soutenu le processus démocratique dans plusieurs pays, notamment en Inde, au Burundi et au Rwanda. Elle est réapparue tout récemment, lors des élections de septembre 1996 en Bosnie. « Si le votant n'a pas d'index à la main droite, indiquent les affichettes apposées dans les bureaux de vote bosniaques, on teindra le doigt existant le plus proche, selon l'ordre suivant : pouce, majeur, annulaire, auriculaire. Si le votant n'a pas de main droite, suivre le même ordre pour la main gauche. Si le votant n'a pas de doigts, on prononcera la prescription du marquage. » Même procédé dans les camps de réfugiés, où l'on utilise un spray invisible (ci-contre) pour empêcher les gens de retirer deux cartes de rationnement. En exposant la peau à une lumière bleue, on détecte la tache prouvant que la personne a déjà reçu son dû. Les responsables des camps doivent parfois tremper eux-mêmes leur doigt dans cette encre non toxique et le lécher, pour couper court à la rumeur selon laquelle le produit nuirait à la santé, notamment à la fécondité.

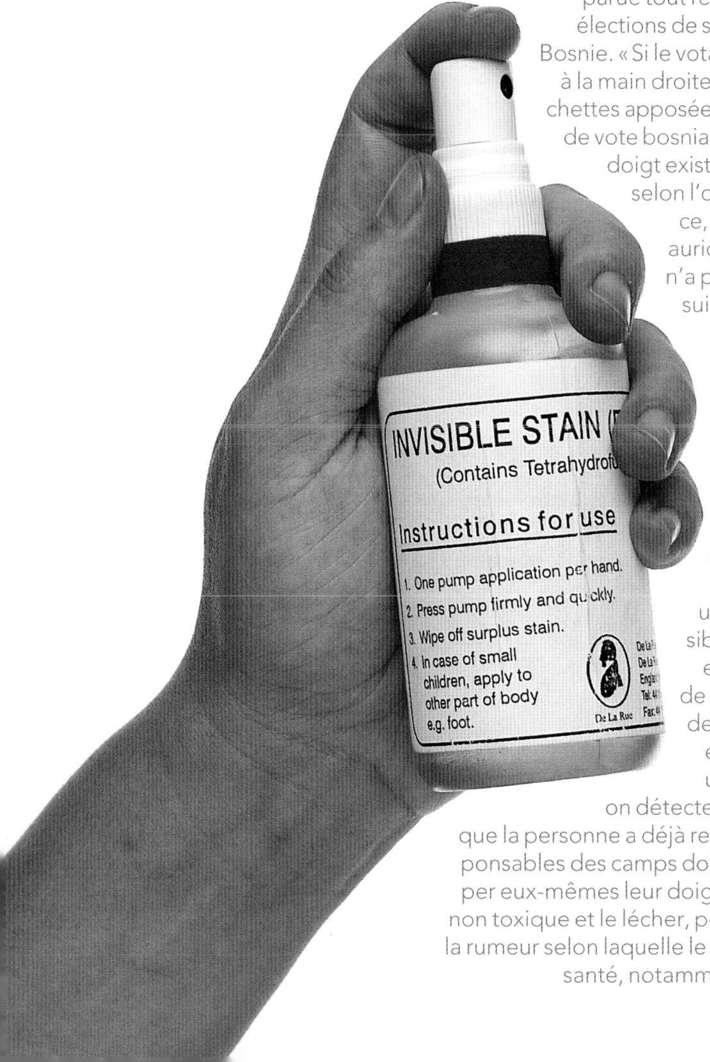

INVISIBLE STAIN
(Contains Tetrahydrof…

Instructions for use

1. One pump application per hand.
2. Press pump firmly and quickly.
3. Wipe off surplus stain.
4. In case of small children, apply to other part of body e.g. foot.

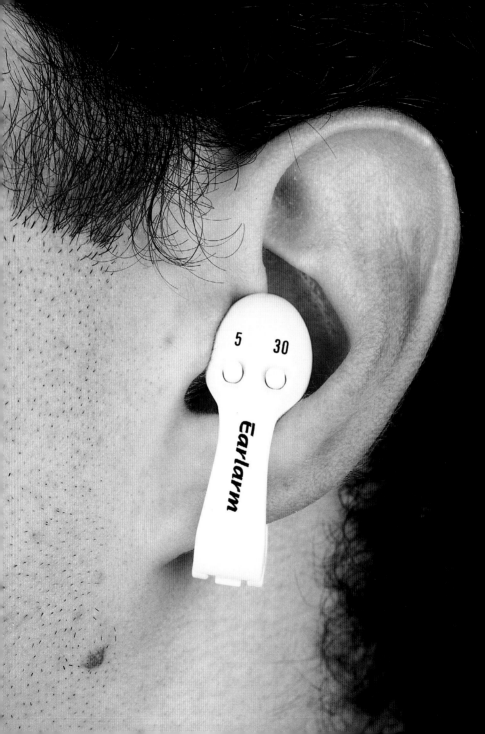

Ear alarm A short nap can work wonders, say scientists who study sleep patterns. Especially in a place like Japan, where *karoshi* (death by overwork) and *jisatsu-karoshi* (suicide from overwork) are on the rise. In Tokyo, where street crime is low, taking a nap in public is relatively safe. The only real risk is not waking up on time. Luckily, Japan's exhausted workers can now rely on the Earlarm, a tiny timer that can be set to go off after as little as five minutes or as long as eight hours. The Earlarm, says the instruction sheet, is also popular with homemakers who want to catch a few winks while waiting for eggs to boil.

Adapting Lauda Air crew manager Elena Nasini is allowed to spend no more than 100 hours a month airborne. In order to function socially when home in Italy, she tries not to adapt to other time zones. Other tips from frequent flyers: Take melatonin, avoid excessive food or alcohol, and catnap frequently. Or order the Jet Lag Combat Kit. The Jet Lag Light Visor regulates light stimulus and keeps your light patterns adjusted to those in your destination.

Miniréveil auriculaire Une courte sieste peut faire des merveilles, affirment les spécialistes des cycles du sommeil – surtout dans un pays tel le Japon, où l'on compte de plus en plus de décès dus au *karoshi* (mort par surmenage) ou au *jisatsu-karoshi* (suicide consécutif au surmenage). A Tokyo, où la petite délinquance est limitée, un bon somme dans un lieu public ne présente pas grand risque, hormis celui de ne pas se réveiller à l'heure. Heureusement, les travailleurs japonais épuisés peuvent maintenant s'en remettre à Earlarm, un minuscule réveil qui vous laissera dormir de cinq minutes à huit heures. Earlarm, précise la brochure, est aussi apprécié des ménagères qui souhaitent piquer du nez sans remords tandis que les œufs durcissent.

Adaptation Chef de bord à la compagnie Lauda Air, Elena Nasini a un service limité à cent heures de vol par mois. Afin de ne pas renoncer à toute vie sociale lorsqu'elle rentre chez elle, en Italie, elle essaie de ne pas s'adapter au décalage horaire dans les pays où son métier l'amène. Autres conseils fournis par les habitués des vols long-courrier : prenez de la mélatonine, évitez les excès et faites de fréquents petits sommes. Sinon, procurez-vous ce Jet Lag Light Visor, une visière protectrice «de combat» qui régule les stimuli lumineux et vous maintient dans un schéma d'exposition à la lumière calqué sur celui de votre destination.

Tiger parts

Many Korean and Taiwanese men think eating tiger penises will aid their sexual performance. In 1994, the *Atlantic Monthly* magazine reported that US$20,000 could buy tiger soup for 15 persons in certain Taiwanese restaurants. The tiger population in the world has dropped from 100,000 in 1900 to 5,000 today. Suggestions that tiger farms should be set up are rejected by the animal conservation group Traffic. You need large numbers of animals to establish farms, it says. With three subspecies already extinct, tiger populations could never stand the strain.

Sexe de tigre

Les Coréens et les Taiwanais sont nombreux à penser qu'en mangeant des pénis de tigres, ils feront des prouesses au lit. En 1994 – rapporte le magazine *Atlantic Monthly* – on servait des soupes au pénis de tigre dans certains restaurants de Taïwan, moyennant 20 000 $ US pour 15 personnes. Or, si l'on comptait 100 000 tigres dans le monde en 1900, il n'en reste aujourd'hui que 5 000. Il a été suggéré de recourir à l'élevage, solution à laquelle s'oppose catégoriquement Traffic, un comité de défense des animaux. Car, souligne-t-il, la formation des cheptels nécessiterait une ponction trop importante sur les population de tigres sauvages. Considérant que trois sous-espèces sont déjà éteintes, les pauvres bêtes qui subsistent encore n'y résisteraient pas.

Can't afford Viagra? Try caruba tree bark. "It's Brazilian Viagra," says Tereza Maciel, 52, who sells bark, herbs and animal parts from the Amazon. "Grind it up and put it in water or juice or milk or anything, and it will get you good and hard down below."

Le Viagra n'est pas dans vos moyens? Essayez l'écorce de caroubier. «C'est le Viagra brésilien, assure Tereza Maciel, 52 ans, qui vend des écorces, des plantes et des morceaux d'animaux en provenance d'Amazonie. Broyez-la et mélangez-la avec de l'eau, du jus de fruit, du lait ou n'importe quoi d'autre. Ça vous rendra bien dur par en dessous.»

The foreskin is more than a little piece of flesh: It's a human rights issue. At least that's what NORM (the US-based National Organization for Restoring Men) says. Now, thanks to NORM's efforts, circumcision is no longer permanent: Thousands of "amputated" men have "restored." The process begins with the Restore Skin System, a long elastic band that tapes to the head of the penis. By fixing the other end of the band to a stationary object and stepping backward, a circumcised man can actually loosen the skin at the tip of his penis. "This stage usually takes only a few months," says R. Wayne Griffiths, of NORM. When the skin has stretched enough, it's time for the Foreballs. The budding foreskin is pulled over the smaller of the stainless steel balls and taped around the connecting rod. The Foreballs can be left to dangle for as long as you like. Eventually, some men also turn to the PUD (Penis Uncircumcising Device). Weighing in at 340g (equivalent to a small coconut), the PUD features a drainage pipe that enables users to urinate without removing the device. Wayne thinks it's well worth the effort: "I have restored, and it is wonderful. Not only am I more comfortable, but sex is now full of delightful sensations."

Le prépuce représente plus qu'un vulgaire petit morceau de chair: c'est un sujet qui relève des droits de l'homme. Voilà en tout cas la position que défend aux Etats-Unis l'Organisation nationale pour la restauration du prépuce (NORM). Désormais, grâce aux efforts de NORM, la circoncision n'est plus définitive: des milliers d'hommes «amputés» ont été «reconstitués». Le traitement commence avec le Restore Skin System (système de reconstitution de la peau), une longue bande élastique dont une extrémité se colle à la base du gland. En fixant l'autre bout à un objet fixe et en reculant, un homme circoncis peut sensiblement distendre la peau de son pénis. «Cette phase ne prend que quelques mois», précise R. Wayne Griffiths, lui-même membre de NORM. Quand la peau est devenue suffisamment lâche, il est temps de passer aux Foreballs. Le prépuce renaissant est étiré et enfilé sur la plus petite des deux billes d'acier inoxydable, puis fixé autour de la tige de liaison. On portera ainsi les Foreballs, en les laissant pendre pour que le poids agisse, aussi longtemps qu'on le souhaite. En fin de parcours, certains hommes recourent même au PUD (Penis Uncircumcising Device, appareil à décirconcir). D'un poids avoisinant les 340 g (soit l'équivalent d'une petite noix de coco), il est pourvu d'un drain permettant aux utilisateurs d'uriner sans l'ôter. Wayne est persuadé que le résultat vaut l'effort: «J'ai moi-même été reconstitué, et c'est extraordinaire. Pas uniquement au niveau du confort – en faisant l'amour, je découvre à présent des sensations délicieuses.»

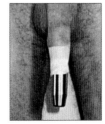

Apparently, some Chinese people think this is what a black man looks like. The Chinese-made "Black Power Doll," bought in Catena di Villorba, Italy, has exaggerated facial features and a penis a third of its height. "I do not know if black people are always represented with large penises," says Peter Kanyandango of the Institute of Ethics and Development Studies in Kampala, Uganda. "But in a racist approach to understanding black people, they're generally not being recognized as fully human, and are seen to have no full control over their sexual impulses. The black man's power is physical, because he's thought to be intellectually inferior." Hence the common stereotype that black men have big penises and large sexual appetites. In reality, according to a survey by condom manufacturer Durex, Africans rank far below the French, Australians and Germans for number of sexual partners. Now can someone explain the tartan?

Apparemment, voilà comment certains Chinois imaginent un Noir. Fabriquée en Chine et achetée à Catena di Villorba, en Italie, cette poupée « Black Power » présente des traits négroïdes exagérés, et son pénis mesure un tiers de sa taille. « Je ne sais pas si on représente toujours les Noirs avec de grands sexes, nous dit Peter Kanyandango, de l'Institut d'études éthiques et de développement de Kampala, en Ouganda. Mais les racistes ne les reconnaissent jamais comme des êtres humains à part entière. Ils les croient incapables de contrôler totalement leurs pulsions sexuelles. Le pouvoir du Noir est physique, parce qu'on le considère comme inférieur intellectuellement. » D'où le stéréotype du Noir doté d'un membre avantageux et d'un grand appétit sexuel. Or, d'après une enquête réalisée par Durex, fabricant de préservatifs, les Africains ont bien moins de partenaires sexuels que les Français, les Australiens ou les Allemands. Et puis, dites, pourquoi le tissu écossais ?

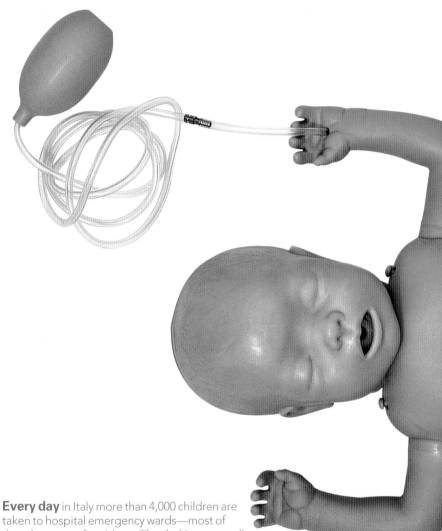

Every day in Italy more than 4,000 children are taken to hospital emergency wards—most of them because of accidents (like choking on small toy parts) that could have been avoided. You can save a baby's life if you know what to do in an emergency. Learn how to resuscitate a baby (the technique differs from that used on adults) with Resusci®Baby—a 57cm version of Resusci Anne, a mannequin made by Norwegian manufacturer Laerdal. It's used worldwide to teach people mouth-to-mouth respiration and heart massage—techniques to treat heart attack victims. Resusci®Baby comes with an electronic Skillguide that tells you if you've succeeded in restarting baby's heart or if you need more practice. It comes complete with carrying case, extra faces and disinfectant wipes.

Chaque jour, en Italie, plus de 4 000 enfants sont transportés aux urgences – victimes, pour la plupart, d'accidents domestiques aisément évitables (comme s'étouffer en avalant de petites pièces détachées d'un jouet). Or, on peut sauver la vie d'un bébé si l'on sait lui apporter les premiers secours. Apprenez à ranimer un tout-petit (les techniques diffèrent de celles pratiquées sur les adultes) grâce à Resusci®Baby, une version réduite (57 cm) de Ressusci Anne, mannequin adulte grandeur nature fabriqué en Norvège par la firme Laerdal et utilisé dans le monde entier pour enseigner le bouche à bouche et le massage cardiaque (premiers soins aux victimes de crises cardiaques). Le testeur électronique d'aptitude qui accompagne Resusci®Baby vous indiquera si vous avez réussi à faire repartir le cœur de l'enfant, ou si vous manquez encore de pratique. Livré avec trousse de secours, visages de rechange et compresses désinfectantes.

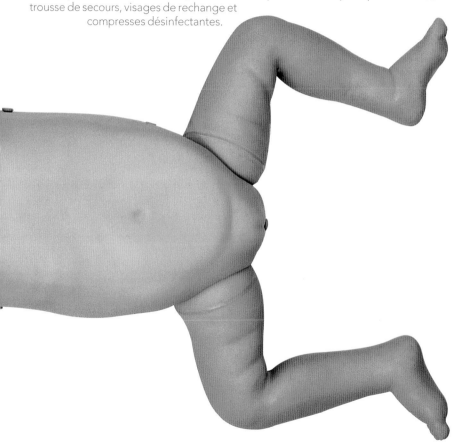

Abortion tool "Anyone here been raped and speak English?" Many women were asked this question by scoop-hungry journalists reporting on Serb atrocities in Bosnia-Herzegovina. The calculated use of rape as a war weapon made front-page headlines as reports came in that soldiers were acting upon the orders of their superiors. Systematic rape in designated camps was part of a Serbian "ethnic cleansing" program. The exact number of victims has been hard to verify. In 1992, the Bosnian Serb leader Radovan Karadzic guessed at 13 rapes; the Bosnian government claimed 50,000. During the conflict, abortions in Sarajevo hospitals outnumbered births by three to one. Some aborted out of fear for the future; others out of dread at the thought of giving birth to the child of a rapist. With this curette, the operation takes just a few minutes.

Curette à avorter «Y a-t-il quelqu'un ici qui ait été violée et qui parle anglais?» Nombreuses furent les femmes à se faire aborder de la sorte par des journalistes assoiffés de scoops sur les atrocités commises par les Serbes en Bosnie-Herzégovine. La pratique calculée du viol en tant qu'arme de guerre fit la une des journaux quand les reporters levèrent le voile : les soldats, découvrait-on, agissaient sur ordre de leurs supérieurs. Le viol systématique, pratiqué dans des camps de prisonniers spécifiquement désignés, s'intégrait à un programme plus large de «nettoyage ethnique» entrepris par les Serbes. Difficile, néanmoins, de connaître le nombre exact de victimes. En 1992, le leader serbe bosniaque Radovan Karadzic hasarda le chiffre de 13 viols – le gouvernement bosniaque parlait de 50000. Toujours est-il que durant le conflit, on comptait trois avortements pour une naissance dans les hôpitaux de Sarajevo. Certaines femmes interrompaient leur grossesse par crainte de l'avenir, d'autres par dégoût à l'idée de donner naissance à l'enfant d'un violeur. Avec cette curette, l'intervention ne prend que quelques minutes.

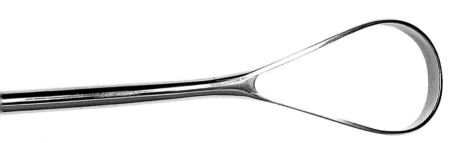

Education This model is used by the Inter-
African Committee (IAC) to educate people to
stop the practice of female genital mutilation
(FGM). The degrees of mutilation practiced vary according to geographical area, so the kit has interchange-
able parts that can be used as required. Center: childbirth in a
woman who has been infibulated or severely excised (the opening
tears unless it is cut, causing severe hemorrhage). Counter clockwise from top left: normal female genitalia; after *sunna*, when the
clitoris has been removed (the mildest form of FGM); after
excision, when the prepuce of the clitoris and the labia majora
have been cut off; after infibulation, when the whole clitoris and
labia majora as well as some of the labia minora have been cut off and
the two sides of the vulva stitched together (leaving an opening just big
enough for the passage of urine and menstrual blood); a swollen infibulation scar (this
form of scar tissue is called keloid); normal childbirth. In areas where it has conducted
sensitization programs, the IAC noted that people speak more openly about FGM and
that many mothers have decided not to have their daughters mutilated.

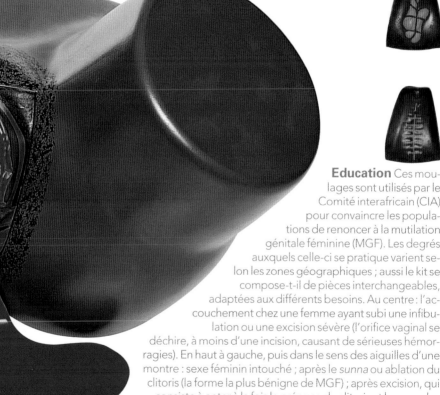

Education Ces moulages sont utilisés par le Comité interafricain (CIA) pour convaincre les populations de renoncer à la mutilation génitale féminine (MGF). Les degrés auxquels celle-ci se pratique varient selon les zones géographiques ; aussi le kit se compose-t-il de pièces interchangeables, adaptées aux différents besoins. Au centre : l'accouchement chez une femme ayant subi une infibulation ou une excision sévère (l'orifice vaginal se déchire, à moins d'une incision, causant de sérieuses hémorragies). En haut à gauche, puis dans le sens des aiguilles d'une montre : sexe féminin intouché ; après le *sunna* ou ablation du clitoris (la forme la plus bénigne de MGF) ; après excision, qui consiste à enter à la fois le prépuce du clitoris et les grandes lèvres ; après infibulation : cette fois, on a tranché le clitoris, les grandes lèvres et les petites lèvres, puis on a ligaturé la vulve (en préservant une ouverture juste assez grande pour permettre le passage de l'urine et du sang menstruel) ; cicatrice tuméfiée d'infibulation (formant une boursouflure fibreuse du nom de chéloïde) ; accouchement normal. Dans les régions où il a mené ses campagnes de sensibilisation, le CIA a pu observer que les individus s'ouvraient plus facilement sur le sujet ; d'autre part, les mères étaient plus nombreuses à décider d'épargner à leur fille toute mutilation.

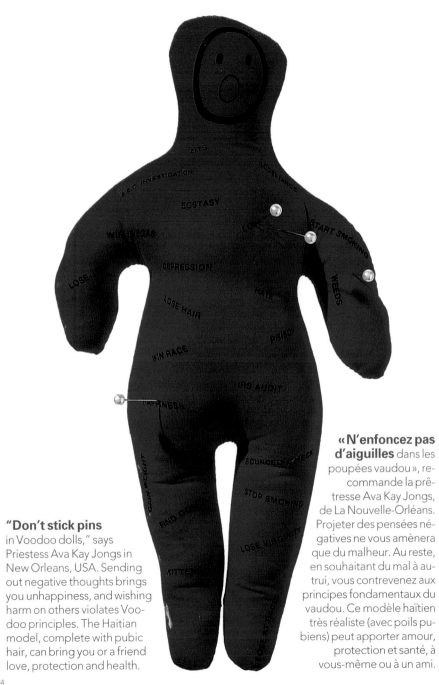

"Don't stick pins in Voodoo dolls," says Priestess Ava Kay Jongs in New Orleans, USA. Sending out negative thoughts brings you unhappiness, and wishing harm on others violates Voodoo principles. The Haitian model, complete with pubic hair, can bring you or a friend love, protection and health.

« N'enfoncez pas d'aiguilles dans les poupées vaudou », recommande la prêtresse Ava Kay Jongs, de La Nouvelle-Orléans. Projeter des pensées négatives ne vous amènera que du malheur. Au reste, en souhaitant du mal à autrui, vous contrevenez aux principes fondamentaux du vaudou. Ce modèle haïtien très réaliste (avec poils pubiens) peut apporter amour, protection et santé, à vous-même ou à un ami.

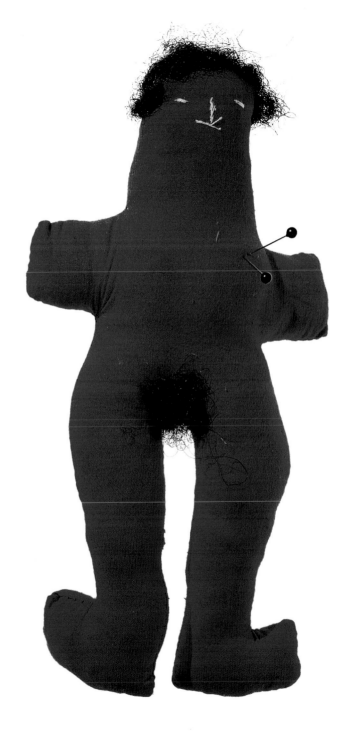

Pope John Paul II bottle opener

We found our opener at the official Vatican gift shop, where we asked about their profits. "The majority goes to the Vatican and a part goes to the missions," said the helpful Sister Ambrosina. "Does the Pope use this opener?" we asked the Vatican Press Office. "That is a ridiculous question," they snapped and promptly hung up.

Tire-bouchon du pape Nous avons trouvé notre tire-bouchon Jean-Paul II dans le magasin de souvenirs officiel du Vatican. Profitant de notre visite, nous nous sommes enquis des bénéfices réalisés par la boutique. « La plupart des profits de nos ventes sont reversés au Vatican, le reste est distribué aux missions », a expliqué la serviable sœur Ambrosina. « Est-ce que le pape utilise ce tire-bouchon ? » avons-nous ensuite demandé au service de presse du Vatican. « C'est une question ridicule ! » ont-ils rétorqué, avant de nous raccrocher au nez.

Star of David yo-yo The yo-yo was first patented in 1932 by Donald F. Duncan of Los Angeles, USA. He didn't invent it himself; the toy is thought to have originated in China, around 500 BC. King David had this star on his shield by 1000 BC.

L'Etoile de David en yo-yo Le yo-yo fut breveté en 1932 par Donald F. Duncan, de Los Angeles, quoiqu'il n'en fût pas l'inventeur – on pense en effet que ce jouet vit le jour en Chine, aux alentours de l'an 500 avant notre ère. Quelque cinq siècles plus tôt, le roi David portait cette étoile sur son bouclier.

Green Man The Egyptian government has a monopoly on imported alcoholic drinks and limits sales to the tourist venues. A bottle of genuine Scotch whisky costs at least E£150 (US$43, equivalent to an average monthly wage). Cheaper buys (at £30, or $9) are imitations of Western spirits, such as Jonny Black, Good Gin and Happy Queen. These drinks are also known as Shorbat Al Ahmar (or "red drink") and are made with poor-quality alcohol, coloring and quinine. Cheapest of all are drinks like Ferro China The Green Man. The label claims the drink eases digestion; the Cairo shopkeeper promises that it is "good for your sex drive."

L'Homme Vert Le gouvernement égyptien s'est arrogé un monopole sur les boissons alcoolisées d'importation, et en limite la vente aux lieux fréquentés par les touristes. Une bouteille d'authentique Scotch Whisky coûte au bas mot 150 £ EG (43 $ US, soit l'équivalent d'un mois de salaire moyen). On peut certes se soûler à meilleur marché (pour 30 £ EG, soit 9 $) en achetant des alcools frelatés, imitations d'alcools occidentaux, tels que Jonny Black, Good Gin et Happy Queen. Egalement connus sous le nom de *shorbat al ahmar* (ou « boissons rouges »), ils sont fabriqués à partir d'alcool de mauvaise qualité, de colorants et de quinine. Au bas de l'échelle des prix, on trouvera entre autres Ferro China, The Green Man (L'Homme Vert). A en croire l'étiquette, cette boisson facilite la digestion, mais ce n'est pas tout. Le commerçant du Caire chez lequel nous l'avons achetée jure ses grands dieux qu'elle est « très bonne pour réveiller l'appétit sexuel ».

Azan alarm clock Muslims pray five times a day, and this clock reminds them when to do so. As the time approaches, red lights inside the temple minarets flash and a voice from inside the battery-operated clock wails a melodious, "Allah Akbar" (God is great).

Réveil «Azan» Les musulmans devant prier cinq fois par jour, mieux vaut qu'ils disposent d'un aide-mémoire. C'est là précisément la fonction de ce réveil-mosquée à piles. Lorsque approche l'heure, de petits voyants rouges clignotent à l'intérieur des minarets, tandis qu'une voix s'élève des tréfonds du mécanisme pour moduler un mélodieux «Allah Akbar» (Dieu est grand).

Miracle Six teenagers in Medjugorje, Bosnia-Herzegovina, claim the Virgin Mary visited them almost every evening at dinnertime from 1981 to 1991. The Madonna usually appeared in the center of a floating sphere of bright light, wearing a gray dress and a white veil, sometimes holding an infant. After the apparitions, which lasted from one to 45 minutes, the teenagers dictated Mary's messages to local Franciscan priests, who frequently had to correct her grammar. Now pizza parlors, espresso bars, souvenir shops and new hotels crowd Medjugorje, catering to more than a million pilgrims a year. Though the visitations stopped in 1991, the remote farming village of 3,000 continues to draw US$70 million a year in tourist revenues. The six former teenagers responsible for this economic miracle occasionally sign autographs.

Miracle Six adolescents de Medjugorje, en Bosnie-Herzégovine, affirment que la Vierge Marie leur est apparue presque tous les soirs à l'heure du dîner entre 1981 et 1991. La Madone se montrait d'ordinaire au centre d'une sphère lumineuse resplendissante, revêtue d'une robe grise et d'un voile blanc, et tenant parfois un enfant dans ses bras. A la suite des apparitions, dont la durée variait de une à quarante-cinq minutes, les jeunes gens dictaient les messages de Marie aux frères franciscains de la localité – qui devaient fréquemment corriger sa grammaire. Aujourd'hui, Medjugorje s'est remplie de pizzerias, de cafés, de boutiques de souvenirs et autres hôtels flambant neufs. C'est qu'il y a force pèlerins à satisfaire : ils sont plus de un million à défiler chaque année sur le site. Bien que les visitations se soient interrompues en 1991, ce village reculé de 3000 âmes se gorge donc toujours de la manne touristique, à raison de 70 millions de dollars par an. Les six adolescents – aujourd'hui bien grandis – responsables de ce miracle économique signent encore à l'occasion quelques autographes.

Apparition In 1858, the Virgin Mary appeared in Lourdes, France, and, according to the Roman Catholic Church, led 14-year-old Bernadette Soubirous to drink from a nearby grotto spring. Today, five million pilgrims a year kneel at the spring, kiss a statue of the Virgin, dunk themselves and drink. (During droughts, take-away is limited to one glass.) The sick ones are hoping for a miracle cure and about a dozen a year proclaim themselves healed: Some carry medical certificates to prove it. "It's not the water that cures, it's your faith," notes sanctuary employee Pierre Adias. That may be why spring officials decided to take no chances. In 1995, the sanctuary's Medical Bureau began to purify the holy water with chlorine, sand filters and antimicroorganism UV heat lamps. You can buy water to take home from the gift shops.

Apparition 1858 : la Vierge Marie apparaît à Lourdes et – si l'on en croit l'Eglise catholique – engage une fillette de 14 ans, du nom de Bernadette Soubirous, à boire l'eau d'une source s'écoulant d'une grotte voisine. Aujourd'hui, 5 millions de pèlerins s'agenouillent chaque année devant la sainte source, embrassent la statue de la Vierge, se trempent dans le bassin et s'y abreuvent (en période de sécheresse, l'eau à emporter est rationnée : pas plus d'un verre par personne). Parmi eux, de nombreux malades venus dans l'espoir d'une guérison miracle – car on compte en moyenne douze miraculés par an. Certains portent sur eux des certificats médicaux avérant les faits. « Ce n'est pas l'eau qui soigne, c'est la foi », précise Pierre Adias, un employé du site. Raison de plus pour ne prendre aucun risque, semblent penser les gestionnaires. En 1995, l'Office de contrôle sanitaire a commencé à purifier l'eau bénite au moyen de chlore, de sable filtrant et de lampes à UV anti-microorganismes. Ramenez en souvenir un peu d'eau bénite : vous en trouverez dans toutes les boutiques de cadeaux.

The powerful hand Christ's hand is a popular icon of the pagan Santería movement. Santería is a fusion of African religion and Catholicism, a result of bringing slaves to Cuba between the 16th and 19th centuries. The hand protects you from all undesirables, be they in human or spirit form.

La Main toute-puissante La main du Christ est une icône populaire du Santería, culte païen résultant d'une fusion entre religion africaine et catholicisme après l'arrivée d'esclaves à Cuba, entre le XVIe et le XIXe siècles. La main vous protège des indésirables quels qu'ils soient, humains ou esprits.

Fortune soap Ads for soap are the same the world over. They promise that using a bar of Brand X every day will change your life. Use Brand Y and you'll become instantly attractive to the opposite sex. Use Brand Z and your financial worries will be over. These soaps from Venezuela claim to be just as magical.

Savon porte-bonheur Les publicités pour savons sont les mêmes dans le monde entier. Elles promettent qu'un usage quotidien de la marque X changera votre vie. Utilisez Y, et soudain le sexe opposé ne saura plus vous résister. Achetez Z, et finis vos tracas financiers. Ces savons du Venezuela sont tout aussi magiques que la concurrence.

Teddy Bear's nurturing skills are in great demand in the field of law and order. In Los Angeles, USA, PD "Police Department" Bear rides around in police cars, ready to comfort traumatized children. At the Memphis Sexual Assault Resource Center, meanwhile, Teddy helps abused children get used to testifying in court: They practice in a miniature courtroom (complete with judge's hammer, desk, and benches) populated by bears. "Sex offenders come in two categories," says Walter Gentile, who works with pedophiles in a northern Italian prison. "There are the rich men who are well organized, using erotic tourism and Internet sites featuring toy giveaways to attract children. But men from poor backgrounds don't need toys to get children— they just abuse their own at home."

Il a accompagné des millions d'enfants dans leur sommeil. A présent, les talents éducatifs de Teddy l'ours en peluche sont largement sollicités aux Etats-Unis dans le domaine de l'ordre public. A Los Angeles, le Nounours policier patrouille la ville dans les voitures de police, prêt à réconforter les enfants en état de choc. On le retrouve au Centre d'aide aux victimes de violences sexuelles de Memphis, où il prépare les enfants agressés à témoigner devant la Cour. Les jeunes victimes répètent dans une salle d'audience miniature, peuplée de nounours (rien n'y manque, ni le marteau du juge, ni les écritoires, ni les bancs des jurés). « Il y a deux catégories de délinquants sexuels, explique Walter Gentile, qui s'occupe de pédophiles dans une prison d'Italie du Nord : les riches et les pauvres. Les premiers sont bien organisés, ils utilisent les relais du tourisme érotique et les sites Internet qui proposent des jouets promotionnels destinés à appâter les victimes. Les seconds n'ont pas besoin d'attirer les enfants : ils violent les leurs, à la maison. »

Transportation In Chile, dead babies are buried with a pair of white wings, made from paper or chicken feathers glued onto a cardboard base. Not having had the chance to commit sin, babies are thought to be *angelitos*, or little angels. Attached to the baby's back with elastic bands, the wings will help the child fly to heaven.

Transport Lorsqu'un bébé meurt au Chili, il est enterré avec deux ailes blanches faites soit en papier, soit en plumes de poulet collées sur une découpe de carton. N'ayant pu commettre de péché, le bébé est considéré comme un petit ange ou *angelito*. Attachées au dos de l'enfant par des élastiques, ces ailes l'aideront à s'envoler vers le paradis.

"**Michael had asked** if he could go play at the playground. About 10 minutes later we couldn't see any of the children there any more. We started looking immediately for him because he never wandered off. Some time passed and we called the police. By that night, there were hundreds of people out helping us look. Plus, the local radio stations broadcast a description of him and what he was wearing. But nothing surfaced. I was a wreck. We are angry for the time that they have taken away from us, but most importantly, we want him returned to us. It is your worst nightmare. I believe that he is [alive], it is my motherly instinct. I pray for him. I have specifically not changed my telephone number because he knew his telephone number and I am hoping that he will remember. He may put it in the back of his mind and when he is ready it will surface and he will know. I constantly find myself looking for him." Crystal Dunahee's son disappeared at age 5 on March 24, 1991, in Victoria, Canada.

A Song for
MICHAEL DUNAHEE

«**Michael avait demandé** s'il pouvait aller s'amuser sur le terrain de jeu. Dix minutes plus tard, il n'y avait plus personne là-bas, tous les enfants étaient partis. On s'est tout de suite mis à sa recherche, parce que d'habitude, il ne s'éloignait jamais. Après un certain temps, on a appelé la police. Le soir même, des centaines de gens sont venus nous aider à chercher. En plus, les radios locales diffusaient son signalement, en indiquant ce qu'il portait. Mais aucune trace. J'étais complètement dévastée. Nous sommes en colère, bien sûr, pour le temps qu'on nous vole et qu'on aurait pu passer avec lui. Mais ce que nous voulons surtout, c'est qu'on nous le rende. C'est notre pire cauchemar. Je suis persuadée qu'il est [vivant], mon instinct maternel me le dit. Je prie pour lui. J'ai fait exprès de ne pas changer de numéro de téléphone, parce qu'il le savait par cœur. J'espère toujours qu'il s'en souviendra. Peut-être l'a-t-il rangé quelque part, dans un coin de sa tête? Le moment venu, ça ressurgira, et il saura. Je me surprends continuellement en train de le chercher.» Le fils de Crystal Dunahee a disparu le 24 mars 1991 à Victoria (Canada). Il avait 5 ans.

Amigo
Desapareceu
no dia 03 de março de 1994
(021) 220-9903 / 220-9009

MARIA APARECIDA
APOLINÁRIO

Gone Most missing children are runaways. Only two out of every 100 missing children are abducted by strangers. (But one in five of these is likely to be killed within 48 hours). Interpol (an international network of police forces) coordinates search efforts for missing children. It also maintains a database and an archive of pictures of missing and abducted children on behalf of its 177 member countries. Local attempts to locate disappeared children include photos on milk cartons in the USA, on cigarette packages in Brazil, and on cassette tapes in Canada (opposite).

Disparu Les enfants disparus sont en majorité des fugueurs. Seuls 2 sur 100 sont enlevés par des étrangers (mais parmi eux, un sur cinq est susceptible d'être tué dans les quarante-huit heures). Interpol (réseau international de police) coordonne les recherches, gère une base de données et archive les photos des enfants portés disparus ou victimes de rapt dans ses 177 pays membres. Parmi les initiatives prises ici ou là pour tenter de localiser les intéressés, citons la diffusion de photos sur les emballages de produits divers, bricks de lait aux Etats-Unis, paquets de cigarettes au Brésil et boîtiers de cassettes au Canada (ci-contre).

Birth-control pills 94 million women worldwide can tell what day it is from their contraceptive packaging: The pill, an oral contraceptive that uses synthetic hormones to fool the body into thinking it's already pregnant, must be taken on a strict schedule to be effective. In Japan, this popular family planning method was illegal until 1999. Authorities said it encouraged sexual promiscuity and was dangerous (the pill has been linked with heart disease and breast cancer). Some 200,000 Japanese women got around the restrictions, though: Doctors prescribed the pill for menstrual disorders, but only the high-dosage varieties that carry the biggest health risks.

Pilule contraceptive 94 millions de femmes dans le monde suivent les jours de la semaine sans l'aide du calendrier, par un simple regard à leur plaquette de pilule. Ce contraceptif oral – dont le principe est de tromper le corps au moyen d'hormones synthétiques, l'induisant à croire qu'une grossesse est déjà en route – doit être pris à heure fixe pour garder toute son efficacité. Au Japon, cette méthode populaire de planning familial est demeurée illégale jusqu'en 1999. Les autorités estimaient en effet qu'elle encourageait la promiscuité sexuelle, et présentait en outre des dangers (on a établi un lien entre la pilule et le cancer du sein ou certaines maladies cardiovasculaires). Quelque 200 000 Japonaises parvenaient néanmoins à contourner ces restrictions. Ainsi, les médecins avaient le droit de prescrire la pilule pour des troubles menstruels, mais hélas, uniquement les plus dosées, donc celles présentant le plus de risques pour la santé.

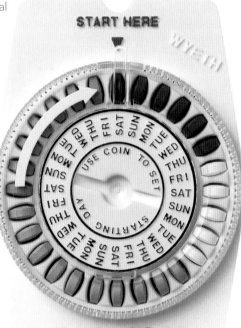

Triphasil®-28
(levonorgestrel and ethinyl estradiol tablets)

Stylish clock This clock
was purchased in New York
City's Chinatown for US$10. "Time
is a central focus within Christianity,"
reports an anonymous priest at St.
Martin-in-the-Fields church in London.
"The present is very important—you're
not meant to worry about the past or
the future, but to take responsibility
for your life now. Even so, puritan the-
ologists probably wouldn't approve of
the use of Christ's image in this way."
Perhaps they'd prefer the Virgin Mary
version? (It's the same price.)

Horloge de style
Cette horloge a été
achetée 10$US dans le
quartier de Chinatown, à New York. «Le
temps est au centre des préoccupations de la
chrétienté, nous fait remarquer un prêtre ano-
nyme de l'église St-Martin-in-the-Fields, à
Londres. Le présent nous importe particulièrement – nous ne sommes pas censés nous sou-
cier du passé ou de l'avenir, mais prendre en
main notre vie d'aujourd'hui. Quoi qu'il en soit,
des théologiens puritains n'apprécieraient
sans doute pas une telle utilisation de l'image
du Christ.» Peut-être lui préféreraient-ils la version «Vierge Marie»? Elle coûte le même prix.

Human breast milk safely provides essential fatty acids needed to develop brain cells in newborn babies—and it's cheap, too. To make sure you'll have enough milk for your baby visit the Chichigami-Sama (tit shrine) in Kiyone, Japan. On the wall, leave a pair of cloth breasts attached to a votive plaque.

Le lait maternel procure à peu de frais les acides gras essentiels au développement cellulaire du cerveau chez le nouveau-né. Pour vous assurer de belles montées de lait et un bébé repu, faites un pèlerinage au Chichigami-Sama (Temple des nichons) de Kiyone, au Japon. Vous laisserez sur le mur une paire de seins en chiffon, accrochée à une plaque votive.

Up until the 1970s, the Australian government had a policy of assimilating Aboriginal children into "European society" by taking them from their families and placing them in orphanages or with white foster families. These children are now known as the "Stolen Generations." The Bindi doll represents a typical Aboriginal child. Aboriginal children are better able to identify with their culture and origins with their dark-skinned Aboriginal doll.

Jusqu'aux années 70, le gouvernement australien menait une politique d'assimilation des enfants aborigènes dans la « société européenne ». La tactique consistait à les arracher à leur famille pour les placer en orphelinat ou dans des familles d'accueil. On qualifie aujourd'hui ces enfants de « générations volées ». La poupée Bindi figure un enfant aborigène type. Armé d'une poupée de couleur, à son image, le petit Aborigène sera mieux à même à s'identifier à sa culture et à ses origines.

Touch the "universe" in the hand of the Virgin of Montserrat, the patron saint of Cataluña. Every year, two million pilgrims come to kiss the orb in her hand in a small chapel in the monastery of Montserrat, near Barcelona, Spain. The statue dates from the 12th century, and oxidation over the centuries caused the pigment on her face and hands to darken (she's now nicknamed "La Moreneta," or "The Dark One"). The Moreneta souvenir icon glows in the dark.

Touchez « l'univers » dans la main de la Vierge de Montserrat, sainte patronne de la province espagnole de Catalogne. Chaque année, deux millions de pèlerins confluent vers le monastère de Montserrat, près de Barcelone, et défilent dans la petite chapelle où trône la Madone, pour embrasser le globe qu'elle tient à la main. La statue date du XIIe siècle et, au cours des siècles, l'oxydation a fait foncer le pigment sur son visage et ses mains (ce qui lui vaut aujourd'hui le surnom de « la Moreneta » ou « la Noiraude »). Cette icône souvenir de la Moreneta luit dans le noir.

El Ekeko is Ecuador's god of luck and plenty. The El Ekeko ceramic figure comes with written instructions: "You should hang representations of your wishes on him, and you will have absolute certainty that your desires will be realized. It is also said that you should light a cigarette and the first breath should go in his mouth. We wish you the best of luck when you acquire El Ekeko for your home or your best friends."

El Ekeko est le dieu de la chance et de l'abondance de l'Equateur. Cette figurine de céramique à l'effigie de la divinité est vendue avec notice d'utilisation : «Accrochez sur le dieu des objets représentant vos désirs, et vous pouvez être assurés qu'ils seront exaucés. Il est également dit que vous devez allumer une cigarette et souffler la première bouffée dans sa bouche. Tous nos vœux vous accompagnent si vous achetez El Ekedo pour votre foyer ou vos meilleurs amis. »

The Buddhist *haizara* (ashtray) from Japan is a trendy item. Jizo Sama (Sanskrit for "womb of the earth") is one of the many reincarnations of the Buddha. He is traditionally associated with all forms of human suffering, particularly that of children. Whenever a child dies, a commemorative Jizo is often placed in temples or by the roadside. It is not considered blasphemous to represent the Buddha in this way.

Cet *haizara* (cendrier) bouddhiste nous vient du Japon, où il semble très en vogue. Jizo Sama (qui en sanskrit signifie « entrailles de la terre ») est l'une des nombreuses réincarnations du Bouddha, traditionnellement associée à toutes les formes de souffrance humaine, en particulier celle des enfants. Lorsqu'un enfant meurt, on dépose fréquemment un Jizo commémoratif dans un temple ou au bord d'une route. Précisons que représenter le Bouddha de cette façon n'est pas un blasphème.

The Sacred Heart of Jesus Christ (Son of God—for most Christians, at least) is a Roman Catholic image that represents his love for mankind. To make prayer a more intense experience, burn Extrascentsory cherry blossom incense.

Le Sacré Cœur de Jésus Christ (fils de Dieu – pour la majorité des chrétiens, tout au moins) est une icône catholique symbolisant l'amour que le Sauveur porta aux hommes. Pour exalter vos élans spirituels lors de la prière, brûlez de l'encens de fleurs de cerisier Extrascentsory.

INCIENSO
INCENSE

SAGRADO CORAZON
DE JESUS
SACRED HEART
OF JESUS

Boton de Cereza
Cherry Blossom

20 VARITAS STICKS

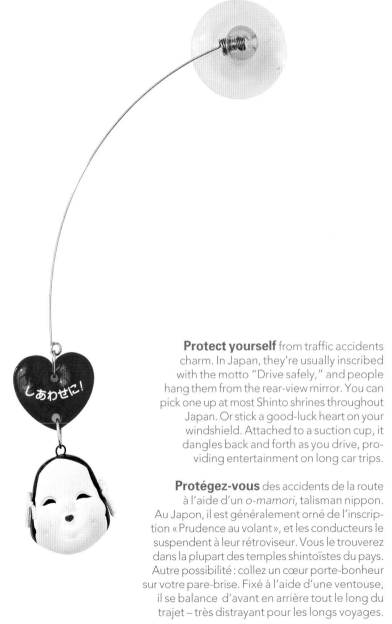

Protect yourself from traffic accidents charm. In Japan, they're usually inscribed with the motto "Drive safely," and people hang them from the rear-view mirror. You can pick one up at most Shinto shrines throughout Japan. Or stick a good-luck heart on your windshield. Attached to a suction cup, it dangles back and forth as you drive, providing entertainment on long car trips.

Protégez-vous des accidents de la route à l'aide d'un *o-mamori*, talisman nippon. Au Japon, il est généralement orné de l'inscription « Prudence au volant », et les conducteurs le suspendent à leur rétroviseur. Vous le trouverez dans la plupart des temples shintoïstes du pays. Autre possibilité : collez un cœur porte-bonheur sur votre pare-brise. Fixé à l'aide d'une ventouse, il se balance d'avant en arrière tout le long du trajet – très distrayant pour les longs voyages.

These Chinese paper dolls can be cremated with you and will be your servants in the next life. You can generally find them in stores in the Chinese community in any major city. Ours were purchased in Los Angeles, USA, in a shop that sells a range of paper possessions to use in the afterlife. Choose from objects such as paper yachts, houses and even jewelry.

Ces poupées chinoises en papier sont destinées à être incinérées avec vous : elles vous tiendront lieu de servantes dans votre prochaine vie. On les trouve d'ordinaire dans toutes les grandes villes du monde – il suffit de faire un tour chez les commerçants du quartier chinois. Celles-ci ont été achetées à Los Angeles, dans une boutique qui propose toute une gamme d'articles en papier pour agrémenter votre au-delà. Offrez-vous par exemple un yacht ou une maison – et pourquoi pas des bijoux ?

Talisman Muslims believe the Angel Gabriel revealed the Koran to the Prophet Muhammad, who was illiterate, almost 1,400 years ago. The most recited book in the world, the Koran has been memorized by many Muslims. Carry your own miniature edition of the Holy Book around your neck in a talisman, or amulet, as some Muslims do in Bosnia Herzegovina. Or get your *hodža* (priest) to write some sacred inscriptions on paper for you to read to protect you from sickness, bad luck and spells.

Talisman Selon les musulmans, ce fut l'ange Gabriel qui révéla le Coran au prophète Mahomet – lui-même illettré – il y a près de mille quatre cents ans. Ce livre étant le plus récité au monde, bien des musulmans le savent par cœur. Portez-le en sautoir, en version miniature, à l'intérieur d'un talisman ou d'une amulette : il s'agit là d'une vieille pratique musulmane bosniaque. Ou demandez à votre *hodža* (prêtre) de vous coucher sur papier quelques sourates à réciter pour vous prémunir contre la maladie, la malchance et les mauvais sorts.

"Ladies and gentlemen, the captain announces that in a few minutes, *insh'allah* [if Allah is willing], we shall land." So goes the pre-landing announcement on Air Pakistan flights. To ensure that God is willing and your flight is a safe one, why not take along a guardian angel, in bracelet, earring, pendant, or lapel pin form. Also available: the good bowling guardian angel.

«Mesdames et messieurs, le commandant de bord vous informe que dans quelques minutes, *inch'allah* [si Allah le veut], nous allons atterrir.» Ainsi est formulée l'annonce d'atterrissage sur les vols de la compagnie Air Pakistan. Pour être vraiment sûr que Dieu le veut et que le vol est sans danger, autant porter sur soi son ange gardien – en bracelet, en boucles d'oreilles, en sautoir ou épinglé au revers du veston. Egalement disponible : l'ange gardien du bon bouliste.

Sugar skulls and *pan del muerto* (bread of the dead) are eaten in Mexico to celebrate the Dia de los Muertos, or Day of the Dead, on November 1 and 2, when Mexicans believe that souls come back from heaven, hell or purgatory to visit their families. *Calaveras de azucar* (sugar skulls) and miniature coffins are also used to decorate homes and graves.

Cow Take three *waribashi* (wooden chopsticks), snap them in half, and stick them in an eggplant (four for the legs and two for the ears). You've just made a cow that your ancestor can sit on. You'll need more of them to accommodate all your ancestors (cucumbers make good horses). They will be visiting you during the three-day annual O Bon in Japan—the Buddhist Day of the Dead, usually August 13-16—when bonfires are lit and paper lanterns float down rivers to symbolize the return of loved ones.

Têtes de mort en sucre et *pan del muerto* (pain des morts) : tels sont les mets traditionnels dégustés au Mexique pour célébrer le *Día de los Muertos*, ou jour des Morts, les 1er et 2 novembre. Car à ces dates, les âmes mortes reviennent du paradis, de l'enfer ou du purgatoire pour rendre visite à leurs familles. Les *calaveras de azucar* (têtes de mort en sucre) sont également utilisées, ainsi que des cercueils miniature, pour décorer la maison et les tombes.

Vache Prenez trois *waribashi* (baguettes en bois), cassez-les en deux et plantez-les dans une aubergine (quatre morceaux pour les pattes et deux pour les oreilles). Vous venez de confectionner une magnifique vache, sur laquelle votre ancêtre pourra s'asseoir. Il vous en faudra un certain nombre pour installer tous vos aïeux (songez aux concombres, qui font des chevaux très convenables). Etant si bien reçus, ils ne manqueront pas de vous rendre visite durant les trois jours de la fête O Bon – célébration bouddhiste des morts – qui a lieu chaque année au Japon, en général du 13 au 16 août. On y allume des feux de joie et des lanternes en papier qu'on fait flotter sur les rivières, pour symboliser le retour des chers disparus.

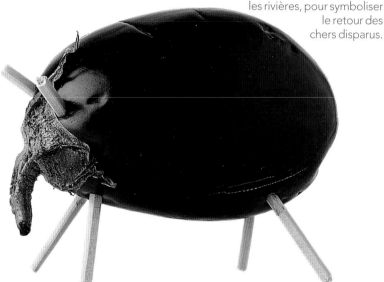

Kaba Kick is russian roulette for kids. The player points the gun at his or her own head and pulls the trigger. Instead of bullets, a pair of feet kick out from the barrel (which is shaped like a pink hippo). If the gun doesn't fire, the player earns points.

Le Kaba Kick est la roulette russe des enfants. Comme le veut la règle, on pointe l'arme sur sa tempe et on appuie sur la gâchette – à ceci près qu'au lieu d'une balle, c'est un paire de pieds qui émerge du canon (lui-même en forme d'hippopotame rose). Pour chaque coup à vide, le joueur marque des points.

The FX-Stinger fires foam missiles almost 10m, to the accompaniment of six different electronic battle sounds. It was purchased in Hong Kong, China.

Le FX Stinger lance des missiles en mousse à près de 10m, tandis qu'en fond sonore la bataille fait rage (six options de bruitages électroniques disponibles). Nous l'avons déniché à Hong Kong, en Chine.

"When a police officer enters the favela and sees a child running with a kite," says Jo, a teacher in Rio de Janeiro's favelas, or slums, "he thinks the child's playing. But he's actually working in the drug trade." *Olheiros* (watchers) are employed by drug traffickers in Brazil to stand at favela entrances or on rooftops. "If they see anything suspicious," reports Jo, "they fly a kite. The colors are a code: Yellow means police are coming, red means everything's under control. When police raid the favela, there's no one there—everyone's been warned by the kite a long time before." The job pays R$200 (US$170) a week, but it has its drawbacks: "If a child-informer gets distracted and the police arrest the traffickers, the child risks being killed," says Jo. "This is his job and he has to take responsibility."

« Si un officier de police pénètre dans la *favela* et qu'il voit un enfant courir avec un cerf-volant, explique Jo, instituteur dans les bidonvilles de Rio de Janeiro, il le croira en train de jouer. En réalité, le gamin travaille pour les trafiquants de drogue. » Les *olheiros* (sentinelles) sont chargés par les dealers de monter la garde, soit à l'entrée des *favelas*, soit depuis les toits. « S'ils voient quelque chose de suspect, poursuit Jo, ils font voler leur cerf-volant. Les couleurs sont codées : jaune si les flics arrivent, rouge si tout va bien. Quand la police débarque, elle ne trouve plus personne : il y a belle lurette que les cerfs-volants ont donné l'alarme. » Cet emploi de vigile rapporte 200 R (170 $ US) par semaine, mais il a ses inconvénients. « Si une jeune sentinelle se laisse distraire et que la police arrête les trafiquants, l'enfant risque la mort, ajoute Jo. C'est son travail, il doit en assumer les responsabilités. »

ORDEM E PROGRESSO

Playing cards Ever since their economy collapsed early in 1997, Albanians have been heading overseas to nearby Italy. The 12- to 24-hour passage across the Adriatic costs illegal immigrants US$250-600. To keep entertained during the trip, get a pack of these plastic playing cards. Since some boats don't dock—they stay offshore to avoid immigration authorities—you may have to swim to land. Fortunately, the cards are 100 percent waterproof.

Cartes à jouer Depuis l'effondrement de leur économie, au début de l'année 1997, les Albanais quittent en masse leur pays pour chercher une vie meilleure chez leurs voisins italiens. La traversée de la mer Adriatique, qui dure de douze à vingt-quatre heures, coûte aux migrants clandestins entre 250 et 600 $US. Pour chasser l'ennui durant le voyage, procurez-vous ce jeu de cartes plastifiées. Comme certains bateaux n'accostent pas – ils restent au large pour éviter d'avoir affaire aux services d'immigration – vous serez peut-être contraint de finir la traversée à la nage. Heureusement, ces cartes sont 100 % imperméables.

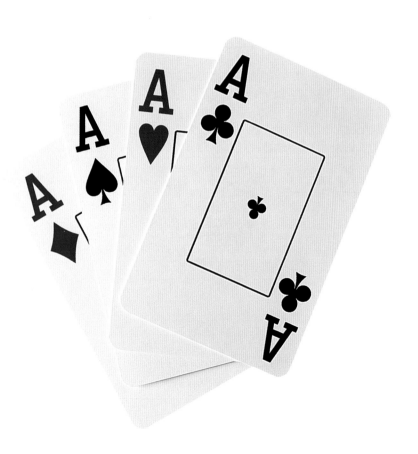

Marbles Every day, 16 million of these small glass balls roll out of Mega Marble's Mexican factory, heading for children's pockets in 50 countries worldwide. In Afghanistan, though, where marble games have been played since antiquity, the marble's future is not bright: A year after the Islamist Taliban movement came into power in 1996, playing marbles was denounced as being "un-Islamic" and having "consequences such as betting and deprivation from education," according to a missive from the Cultural and Social Affairs Department. Other illegal pastimes include playing musical instruments and flying kites.

Billes Chaque jour, 16 millions de ces billes de verre sortent de l'usine mexicaine Mega Marble pour atterrir dans les poches des enfants de 50 pays. Mais en Afghanistan, où ce jeu existe depuis l'Antiquité, son avenir paraît bien compromis : un an après la prise de pouvoir du mouvement islamiste des Talibans, en 1996, une circulaire du ministère des Affaires culturelles et sociales le dénonçait déjà comme « anti-islamique », lui reprochant « d'inciter aux jeux d'argent et de détourner des études ». Bien résolus à pourfendre le vice jusque dans ses derniers retranchements, les Talibans ont prohibé d'autres loisirs tendancieux, comme jouer d'un instrument de musique ou faire voler un cerf-volant.

Steiner doll The gender-free doll is based on the educational teachings of Rudolf Steiner, the Austrian founder of a religious movement called Anthroposophy (which "recognizes that all individuals embody a higher spiritual being"). Steiner dolls have no features or personality (to encourage a child's imagination to create them). As the child develops, so does the doll. Babies play with a rudimentary figure made from a sheet, while toddlers' dolls are blessed with limbs and a head. They're the opposite of Barbie: As one Steiner dollmaker says, "an adult fantasy which is totally inappropriate for the development of a young child."

Poupée Steiner Cette poupée sans sexe s'inspire des principes pédagogiques de l'Autrichien Rudolf Steiner, père de l'anthroposophie (mouvement religieux «reconnaissant en tout individu l'incarnation d'un être spirituel supérieur»). Affublées d'un visage sans traits, les poupées Steiner sont soigneusement dépersonnalisées (afin de stimuler l'imagination de l'enfant, qui inventera lui-même les éléments manquants). Elles évoluent vers une plus grande complexité, de façon à suivre le développement de l'enfant. Ainsi, les nourrissons s'amusent avec une figurine rudimentaire confectionnée à partir d'un morceau de drap. Dès leurs premiers pas, ils reçoivent une poupée beaucoup mieux dotée – avec tête, bras et jambes. En bref, Mlle Steiner est l'exacte antithèse de Barbie, «un fantasme d'adulte, totalement inopérant dans le développement du jeune enfant», s'indigne un fabricant de poupées Steiner.

Flirty "Pink portrays the femininity and innocence of little girls. It's a happy color associated with nurturing, warmth and growth. It's soft and calming. It's also fun. We don't have any research into why women embrace pink more than men, but it has to do with flowers and all sorts of feminine types of romantic inspirations. Where red is sexy, pink is flirty. For a little girl, pink is very flattering. Pink is accepted all over the world. There were studies done in prisons with men which involved lifting weights. When they put men into a pink room, they weren't as strong—they couldn't lift the barbells. Pink makes men weak, maybe that's why they only use it with women's toys," says Lisa Herbert, a color consultant at Pantone Consulting Services (the makers of the pink used in Barbie merchandise), New Jersey, USA.

Charmeur « Le rose évoque la féminité et l'innocence des petites filles. C'est une couleur gaie, qu'on associe à la maternité, à l'affection, à la croissance. Elle est douce, apaisante et drôle. Aucune recherche n'a encore été entreprise pour comprendre pourquoi les femmes étaient plus attirées par le rose que les hommes mais, en tout cas, il doit exister un lien avec les fleurs et toutes les formes purement féminines d'inspiration romantique. Alors que le rouge est sexy, le rose est charmeur. Il va vraiment bien aux petites filles. Partout dans le monde, il est perçu de la même façon. Lors d'expériences en milieu carcéral, on a demandé à des détenus de soulever des poids. Lorsqu'on les installait dans une pièce rose, leur force diminuait : ils n'arrivaient pas à décoller les haltères du sol. Le rose affaiblit les hommes, ce qui explique peut-être pourquoi ils ne fabriquent que des jouets de filles dans cette couleur », nous explique Lisa Herbert, conseillère coloriste pour Pantone Consulting Services (concepteurs du « rose Barbie ») dans le New Jersey (Etats-Unis).

Pato, the national sport of Argentina, is similar to polo. The ball is sewn into a six-handled leather harness. Players mounted on horseback swoop to grab the ball from the ground and pass it to one of their three teammates or throw it through the opponents' goal, a hoop 1m in diameter. The ball can be tossed only with the right hand. Pato means "duck" in Spanish. When the game was devised, in the 17th century, the ball was a live duck. It was encased in a leather sack which had two or more handles. The duck's head and neck, which protruded from the sack, could also be used as a handle.

Le *pato*, sport national argentin, n'est pas sans rappeler le polo, à ceci près que la balle est cousue dans un harnais de cuir à six poignées. Il se joue à cheval, le but des joueurs étant de s'emparer du ballon à la main, soit pour le passer à l'un de leurs trois coéquipiers, soit pour l'expédier dans les buts adverses – un arceau d'un mètre de diamètre. La balle ne peut être lancée que de la main droite. Signalons que pato signifie « canard » en espagnol. A ses origines, qui remontent au XVIIe siècle, ce sport se pratiquait en effet avec un canard vivant, enfermé dans un sac de cuir muni de deux poignées ou plus. La tête et le cou de l'infortuné volatile, qui dépassaient du sac, assuraient le cas échéant deux prises supplémentaires.

Face card
US lawyer H. Russell Smith says card-playing is an important part of African-American social life. He and his colleague James Foster were tired of playing with cards that didn't look like them, so in 1988 they devised Black Royalty cards. Each face card features a figure representing one of a range of black cultural and social styles. Smith says blacks and whites alike are so accustomed to the white faces on ordinary cards that they often fail to notice that these cards have black figures.

Figures L'Américain H. Russell Smith, avocat à Détroit, affirme que les jeux de cartes occupent une place prépondérante dans les loisirs des Afro-Américains. Las d'utiliser des cartes auxquelles ils ne pouvaient s'identifier, son collègue James Foster et lui-même ont conçu en 1988 les cartes Black Royalty, où chacune des figures représente un type de personnage propre à la culture et à la société noires. Smith remarque du reste que Blancs et Noirs sont tellement habitués aux figures blanches que, bien souvent, ils ne remarquent même pas qu'ils ont en main des honneurs noirs.

Tyson is the first black gay doll. The manufacturers, Totem, deny that he's modeled on a living person, but that hasn't stopped Mike Tyson (a US heavyweight boxer) from threatening legal action unless the dolls are withdrawn from the market.

Voici Tyson, la première poupée noire et gay. Totem, le fabricant, a beau nier farouchement s'être inspiré d'une personne réelle, le vrai Mike Tyson (boxeur poids lourd américain de son état) n'en a pas moins menacé l'entreprise de poursuites judiciaires si elle ne retire pas la poupée de la vente.

Helicopter Nguyen Anh Tuan makes toy helicopters from Coca-Cola cans at his workshop in Ho Chi Minh City, Vietnam. Tuan needs four or five cans to make one toy helicopter. He and his staff of family members make 10 to 15 a day. They would have to produce about 285 helicopters a second to keep up with the number of Coke cans discarded daily worldwide.

Hélicoptère Dans son atelier de Ho Chi Minh-ville, au Viêt Nam, Nguyen Anh Tuan fabrique de petits hélicoptères à partir de canettes de Coca-Cola – en moyenne, quatre à cinq par jouet. Avec la contribution de sa famille, qu'il a mise au travail, il atteint une production de 10 à 15 hélicoptères par jour. Mais nous sommes loin du compte : il leur faudrait produire près de 285 hélicoptères par seconde pour recycler toutes les canettes de Coca jetées chaque jour dans le monde.

Cot cot briefcases from Dakar, made from scrap metal and finished with flattened soda cans and old newspaper, are named after Senegal's former foreign minister Jean-Pierre Cot, who carried one to cabinet meetings.

Les valises Cot Cot de Dakar, entièrement fabriquées en ferraille – canettes de soda aplaties et vieux journaux assurant la finition – doivent leur nom à l'ancien ministre des Affaires étrangères du Sénégal, Jean-Pierre Cot, que l'on voyait toujours arriver en Conseil des ministres une valise semblable à la main.

Homemade The armored personnel carrier was modeled on the UN/Uruguayan peacekeeping vehicles patroling Angola in 1996. It was purchased from street kids in Kuito and has wheels made from discarded flip-flops.

Fait main Ce véhicule blindé pour transport de troupes reproduit ceux dans lesquels patrouillaient les casques bleus uruguayens stationnés en Angola en 1996. Nous l'avons acheté à des enfants des rues à Kuito. Notez que les roues ont été découpées dans de vieilles tongs.

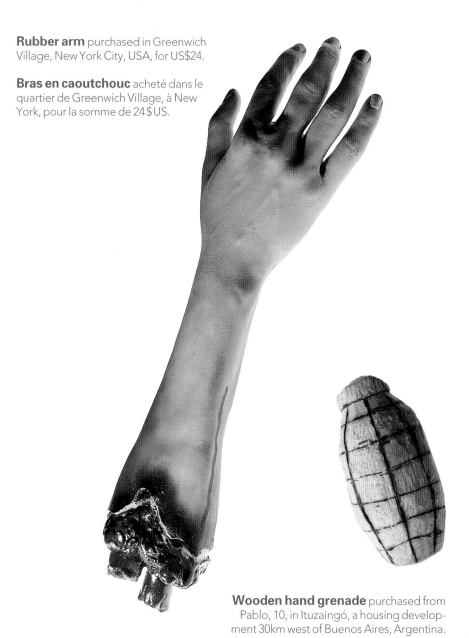

Rubber arm purchased in Greenwich Village, New York City, USA, for US$24.

Bras en caoutchouc acheté dans le quartier de Greenwich Village, à New York, pour la somme de 24$US.

Wooden hand grenade purchased from Pablo, 10, in Ituzaingó, a housing development 30km west of Buenos Aires, Argentina.

Cette grenade en bois nous a été vendue par Pablo, un petit Argentin de 10 ans, à Ituzaingó, une cité située à 30km à l'ouest de Buenos Aires.

Having trouble throwing grenades straight? Improve your skills with authentic practice hand grenades, manufactured by Hoover in the USA—good, clean fun for the whole family.

23,000,000 people are refugees. Learn about life as a refugee with the board game Run For Your Life! Players have to get from their village to a refugee camp; obstacles include land mines and indiscriminate artillery attacks.

Vous n'êtes pas doué pour le lancer de grenade ? Améliorez vos performances grâce à ces authentiques grenades à main, fabriquées par Hoover aux Etats-Unis – un sain divertissement pour toute la famille.

On compte dans le monde 23 000 000 de réfugiés. Grâce au jeu de société Run For Your Life ! (sauve-qui-peut), le quotidien de ces malheureux n'aura bientôt plus de secret pour vous. Les joueurs doivent quitter leur village pour atteindre un camp de réfugiés, en surmontant bien sûr de multiples obstacles, de la mine antipersonnel aux tirs aveugles d'artillerie.

"Yob" is British slang for hooligan. A yob's misson is to support his chosen football team at all costs. This may entail causing mayhem at football matches worldwide, or injuring and insulting supporters of rival football teams. His accessories are a baseball bat, brick, ice-cream cone, can of spray paint, and rude gesture (the two-fingered "V" sign). A yob likes to travel (15 percent of football-related arrests take place outside the UK). He's also an accomplished singer. According to the National Criminal Intelligence Service, the number of arrests for indecent chanting, such as "You're going home in a fucking ambulance," has increased threefold.

« Yob » désigne un hooligan en argot britannique. La mission de ce sympathique personnage consiste à soutenir l'équipe de football de son choix… par tous les moyens. Entre autres, en semant la panique lors des matchs, chez lui comme à l'étranger, ou en abreuvant de coups et d'insultes les supporters des équipes adverses. Il est inséparable de ses accessoires : batte de base-ball, brique, cornet de glace, peinture en bombe et gestuelle grossière (en particulier le signe «V», formé avec deux doigts, la paume de la main tournée vers soi, qui signifie «Va te faire…»). Le yob aime les voyages (15% des arrestations liées au football ont lieu hors du Royaume-Uni). C'est aussi un chanteur accompli. Selon les services de renseignements judiciaires britanniques, le nombre d'interpellations pour «incitations chantées à la violence» (par exemple en entonnant «Vous allez tous rentrer chez vous en ambulance, bandes de…») a triplé cette saison.

Move over, Barbie! Meet Licca. Rika "Licca" Kayama, 11 years old, Taurus, is a fifth-grader at Shirakaba Elementary School in Japan. Her father Pierre is French and is an orchestra conductor, her sisters are twins named Miki and Maki and her mother is a fashion designer. Over the last 30-or-so years, Licca has evolved: Her head has shrunk and her breasts and curves have filled out. She comes in many different models, including a McDonald's hamburger flipper (although she's actually too young to work there legally).

Au placard, Barbie! Car voici Licca. Rika « Licca » Kayama (âgée de 11 ans et née sous le signe du Taureau) est en 5e année à l'école primaire de Shirakaba, au Japon. Son père, Pierre, est français et chef d'orchestre ; elle a deux sœurs jumelles, Miki et Maki, et sa mère est styliste de mode. Au cours des trente dernières années, Licca a bien évolué : son visage s'est affiné, sa poitrine s'est arrondie, sa silhouette féminisée. Elle existe dans de nombreux modèles, dont la Licca serveuse chez McDonald's (bien qu'au Japon, elle n'ait pas l'âge légal pour travailler).

Shopping for a dildo
in Japan might prove to be difficult if you want one that looks like the "real thing." According to the manager of PIN-PIN, an adult toy shop in Tokyo, practically all dildos made in Japan have faces and are shaped to look like a figure. "There's no demand for realistic sex toys," he continues, "They look too much like what it is." Models include likenesses of Sumo wrestlers, princes, kings, dolphins and kokeshi (traditional dolls from the Tohoku province of northeast Japan).

Si vous cherchez un godemiché ressemblant, vous aurez du mal à le trouver au Japon. D'après le directeur de PIN-PIN, une boutique de jouets pour adultes de Tokyo, ceux de fabrication nippone se présentent le plus souvent sous la forme de petits personnages. « Nous n'avons pas de demande pour les jouets sexuels réalistes, poursuit-il. Ils évoquent trop explicitement ce qu'ils sont. » Grand choix de modèles, entre autres lutteurs de sumo, princes et rois, dauphins et kokeshi (poupées traditionnelles de la province de Tohoku, au nord-est du Japon).

Sleep Some people count sheep to put themselves to sleep, but why stop there? Get closer to sheep with the Sheep Face Pillow. Lie on your stomach with your face in the pillow for five minutes a day: It stimulates acupressure points in your face.

Sommeil Pourquoi se limiter à compter de lointains moutons pour s'endormir? Rapprochez-vous de la bête en vous couchant dessus : cet oreiller en forme de mouton stimule certains points faciaux de *shiatsu*. Il suffit de s'allonger sur le ventre cinq minutes par jour, le visage contre l'oreiller.

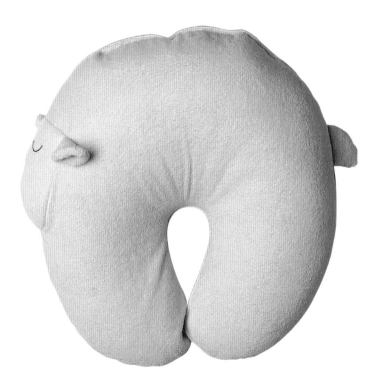

In Kenya, men from the Turkana tribe never leave home without a small wooden stool that doubles as a pillow. It also preserves their elaborate hairdos while they sleep. Carved of hardwood, the headrests are light and easy to carry—they have leather handles. Some are decorated with figures of animals.

Au Kenya, les hommes de la tribu Turkana ne sortent jamais sans leur tabouret de bois qui, en cas de petit somme, tient également lieu d'oreiller. Car il ne s'agit pas de déranger leur coiffure sophistiquée durant leur sommeil ! Taillés dans un bois dur, ces appuie-tête sont légers et faciles à transporter, grâce à leurs poignées de cuir. Certains sont même décorés d'animaux.

Propaganda Irene Sáez has had several jobs, including Miss Venezuela, Miss Universe, mayor, doll and presidential candidate. Her fame got her elected mayor of a wealthy Caracas suburb in 1992. During her first term, rubbish collection improved and police patroled the streets on golf buggies ("Irene carts"). When she ran for a second term, she won 95 percent of the vote. Her mortal enemy is the dastardly Hugo Chávez. Not content with staging a military coup in 1992, he accused Irene of encouraging idolatry when she released her plastic play image in 1995. She recently tamed her flowing tresses into a more mature, "presidential" chignon.

Propagande Irene Sáez a eu de multiples professions, entre autres Miss Venezuela, Miss Univers, maire, poupée et candidate aux élections présidentielles. Sa célébrité lui valut sa victoire aux élections municipales de 1992 dans une riche banlieue de Caracas. Durant son premier mandat, le ramassage d'ordures s'est amélioré, et la police s'est mise à patrouiller les rues en buggies de golf (surnommés « charrettes Irene »). Lorsqu'elle se représenta pour un second mandat, elle obtint 95 % des suffrages. Ennemi mortel : l'ignoble Hugo Chávez. Non content de fomenter un coup d'Etat en 1992, il a accusé Irene d'encourager l'idolâtrie, au moment même où elle lançait sur le marché une poupée à son image, en 1995. Madame Sáez vient enfin de se résoudre à dompter ses luxuriantes tresses et à adopter le chignon – une coiffure plus « présidentielle ».

Mascot Mintzoa comes from the Basque country, a semi-autonomous region between northwest Spain and southwest France. She's the mascot of Euskal Herritarrok (formerly Herri Batsuna). The political wing of the Basque separatist movement is campaigning for freedom from Spanish and French rule and for the revival of Euskara, the Basque national language. She squeaks charmingly when squeezed. But don't be seduced. The guerilla separatist group ETA (Basque Homeland and Freedom), linked to Euskal Herritarrok, has murdered 800 people over the last 30 years. Not to mention the occasional kidnapping (they kept prison guard José Antonio Ortega Lara in a hole underground for almost two years).

Mascotte Mintzoa nous vient du Pays basque, une région partiellement autonome située de part et d'autre de la frontière franco-espagnole. C'est la mascotte d'Euskal Herritarrok (ex-Herri Batsuna), l'aile politique de la guérila séparatiste basque, qui milite pour l'émancipation du peuple basque, refuse le joug politique de la France et de l'Espagne et se bat pour la réhabilitation de l'euskara, la langue nationale basque. Elle couine délicieusement lorsqu'on la presse entre ses doigts. Mais ne tombez pas sous le charme. L'ETA (Patrie basque et Liberté), groupuscule terroriste dont Euskal Herritarrok fut longtemps la plate-forme politique légale, a massacré 800 personnes au cours des trente dernières années. Pour ne rien dire des rapts qu'il pratique à l'occasion (il a laissé moisir dans un trou, sous terre, durant près de deux ans, le gardien de prison José Antonio Ortega Lara).

Weapon In Burma, possessing a water balloon is prohibited by the State Peace and Development Council (punishment is a year in prison, actually throwing one warrants three years). Water balloons launched by slingshots can damage vision and inflict life-threatening injury. With the impact of a rifle bullet—slower but heavier—a water balloon projectile can perforate a cornea (the surface of the eye), rupture an eyeball, or fracture a bony eye socket. When researchers fired a water balloon at 40m per second at a stationary watermelon 14m away, the watermelon exploded.

Torture Water is an excellent torture instrument. In South Africa, police reportedly force victims' heads into buckets of water, or smother them with coarse, soaking-wet bags. In Turkey, children in police custody (some as young as 12) are said to be hosed down with cold water. Amnesty International reports describe prison guards in Bhutan submerging inmates in water tanks until near-drowning. Torture in Kenyan jails is said to include confinement to a narrow hole as it gradually fills with water. Carbonated bottled water can be shot up noses (suspects held by Mexican police call the practice *tehuacanazo*). Even a drop of water is enough: In 1974, Archana Guha was detained by police in Calcutta, India, for 27 days: "They had a bowl and dropped cold water on my forehead—small drops, but I remember each drop felt like a stone, a big stone hitting my head." She is now living in exile in Copenhagen, Denmark.

Arme En Birmanie, le Conseil d'Etat pour la paix et le développement interdit la détention de bombes à eau (sous peine d'un an d'emprisonnement, et de trois ans fermes en cas d'utilisation). Il est vrai qu'une simple bombe à eau lancée avec une fronde peut causer de graves lésions aux yeux, voire des blessures mortelles. D'un impact équivalent à celui d'une balle de fusil (elle est plus lente mais plus lourde), elle est capable de perforer la cornée (membrane de l'œil), de crever le globe oculaire ou de fracturer l'orbite. Des chercheurs l'ont testée : lancée à une vitesse de 40 mètres par seconde sur une pastèque placée 14 mètres plus loin, elle explose littéralement sa cible.

Torture L'eau constitue un excellent instrument de torture. En Afrique du Sud, la police plonge la tête de ses victimes dans des seaux d'eau ou les étouffe dans des sacs de grosse toile rêche détrempée. En Turquie, les enfants gardés au poste de police (certains âgés d'à peine 12 ans) seraient passés au jet d'eau froide. Les rapports d'Amnesty International épinglent le Bhoutan, où les matons plongent les prisonniers dans des cuves d'eau jusqu'à la quasi-suffocation. Au Kenya, on torture les détenus en les enfermant dans une fosse étroite qui se remplit d'eau peu à peu. On peut faire remonter dans le nez le gaz d'une bouteille d'eau (les habitués des gardes à vue au Mexique connaissent bien cette pratique, qu'ils nomment *tehuacanazo*). Mais une simple goutte peut suffire. En 1974, Archana Guha fut détenue vingt-sept jours par la police de Calcutta, en Inde. « Ils ont rempli une jatte, se souvient-elle, et m'ont versé l'eau froide sur le front. Goutte à goutte. Mais chaque goutte semblait comme une pierre, une grosse pierre qui me cognait la tête. » Elle vit à présent en exil au Danemark, à Copenhague.

Extra/Ordinary Objects 1
Ed. Colors Magazine
Flexi-cover, 192 pp.

All-American Ads 40s
Ed. Jim Heimann
Flexi-cover, 192 pp.

All-American Ads 50s
Ed. Jim Heimann
Flexi-cover, 192 pp.

"It's a visual feat of truly weird and wonderful objects from around the world." —*Sunday Express,* London

" Buy them all and add some pleasure to your life."

All-American Ads 40ˢ
Ed. Jim Heimann

All-American Ads 50ˢ
Ed. Jim Heimann

Angels
Gilles Néret

Architecture Now!
Ed. Philip Jodidio

Art Now
Eds. Burkhard Riemschneider,
Uta Grosenick

Atget's Paris
Ed. Hans Christian Adam

Best of Bizarre
Ed. Eric Kroll

Bizarro Postcards
Ed. Jim Heimann

Karl Blossfeldt
Ed. Hans Christian Adam

California, Here I Come
Ed. Jim Heimann

50ˢ Cars
Ed. Jim Heimann

Chairs
Charlotte & Peter Fiell

Classic Rock Covers
Michael Ochs

Description of Egypt
Ed. Gilles Néret

Design of the 20ᵗʰ Century
Charlotte & Peter Fiell

Design for the 21ˢᵗ Century
Charlotte & Peter Fiell

Dessous
Lingerie as Erotic Weapon
Gilles Néret

Devils
Gilles Néret

Digital Beauties
Ed. Julius Wiedemann

Robert Doisneau
Ed. Jean-Claude Gautrand

Eccentric Style
Ed. Angelika Taschen

Encyclopaedia Anatomica
Museo La Specola, Florence

Erotica 17ᵗʰ–18ᵗʰ Century
From Rembrandt to Fragonard
Gilles Néret

Erotica 19ᵗʰ Century
From Courbet to Gauguin
Gilles Néret

Erotica 20ᵗʰ Century, Vol. I
From Rodin to Picasso
Gilles Néret

Erotica 20ᵗʰ Century, Vol. II
From Dalí to Crumb
Gilles Néret

Future Perfect
Ed. Jim Heimann

The Garden at Eichstätt
Basilius Besler

HR Giger
HR Giger

Indian Style
Ed. Angelika Taschen

Kitchen Kitsch
Ed. Jim Heimann

Krazy Kids' Food
Eds. Steve Roden,
Dan Goodsell

London Style
Ed. Angelika Taschen

Male Nudes
David Leddick

Man Ray
Ed. Manfred Heiting

Mexicana
Ed. Jim Heimann

Native Americans
Edward S. Curtis

New York Style
Ed. Angelika Taschen

**Extra/Ordinary Objects,
Vol. I**
Ed. Colors Magazine

15ᵗʰ Century Paintings
Rose-Marie and Rainer Hagen

16ᵗʰ Century Paintings
Rose-Marie and Rainer Hagen

Paris-Hollywood
Serge Jacques
Ed. Gilles Néret

Penguin
Frans Lanting

Photo Icons, Vol. I
Hans-Michael Koetzle

Photo Icons, Vol. II
Hans-Michael Koetzle

20ᵗʰ Century Photography
Museum Ludwig Cologne

Pin-Ups
Ed. Burkhard Riemschneider

Giovanni Battista Piranesi
Luigi Ficacci

Provence Style
Ed. Angelika Taschen

Pussy Cats
Gilles Néret

Redouté's Roses
Pierre-Joseph Redouté

Robots and Spaceships
Ed. Teruhisa Kitahara

Seaside Style
Ed. Angelika Taschen

Seba: Natural Curiosities
I. Müsch, R. Willmann, J. Rust

See the World
Ed. Jim Heimann

Eric Stanton
Reunion in Ropes & Other
Stories
Ed. Burkhard Riemschneider

Eric Stanton
She Dominates All & Other
Stories
Ed. Burkhard Riemschneider

Tattoos
Ed. Henk Schiffmacher

Tuscany Style
Ed. Angelika Taschen

Edward Weston
Ed. Manfred Heiting

ICONS